Wolfgang Longardt
Das neue Spielbuch Religion

Wolfgang Longardt

Das neue Spielbuch Religion

80 ausgewählte Spiele für die Grundschule,
die Gemeinde und den Kindergarten

Patmos

Illustrationen von Katharina Henrici

Die Deutsche Bibliothek – CIP-Einheitsaufnahme

Longardt, Wolfgang:
Das neue Spielbuch Religion : 80 ausgewählte Spiele für die
Grundschule, die Gemeinde und den Kindergarten / Wolfgang
Longardt. – 1. Aufl. – Düsseldorf : Patmos-Verl., 1999
ISBN 3-491-70318-2

Umschlaggestaltung: Volker Butenschön
Satz und Layout: Hermann-Josef Frisch, Lohmar
Druck und Verarbeitung: Wiener Verlag, A-Himberg
ISBN 3-491-70318-2

Inhaltsverzeichnis

Zur Einführung

Als vor nunmehr 25 Jahren, im Herbst 1974, mein erstes „Spielbuch Religion" erschien, schrieb mir Klaus Deßecker dazu ein Geleitwort. Zwei Aspekte von damals sind noch immer aktuell:
„Wir überfordern die Kinder intellektuell und lassen sie in ihren affektiven-emotionalen Bedürfnissen verwahrlosen.
Wir verweigern unseren Kindern den Spiel- und Handlungsraum, den sie zum Lernen in weitestem Sinn gebrauchen."[1]
In der Tat: Viel hat sich seit damals nicht zum Guten gewandt. Freilich sind in der Religionspädagogik so manche neuen Theorien und kindernahe Konzepte erdacht worden, doch auf das Ganze gesehen haben sie in Schule und Gemeinde wenig verändernde Wirkung gehabt.
Da ich in der Zwischenzeit immer wieder nach den längst vergriffenen „Spielbüchern Religion" gefragt worden bin, folgte ich nun gern der Aufforderung des PATMOS-Verlages, eine völlige Neubearbeitung und Erweiterung vorzulegen.
Geblieben und noch erweitert wurde das große Spiel- und Handlungsinstrumentarium: Jetzt sind es 16 unterschiedliche Spielformen.
Geblieben ist die zentrale Stellung der Lieder, die bald vital-fröhlich, bald leise, meditativ zum Spiel in Gemeinde und Schule anregen wollen.
Geblieben ist die offene, einladende Form der Spiel-Ideen, die zu phantasievollem Variieren einladen kann.
Geblieben sind auch die immer wieder eingestreuten kleinen „Werkstattberichte", die Mut machen können, solche Spielformen noch häufiger und in immer neuen Variationen zu initiieren.
Neu ist die in fast allen Spiel-Skizzen durchschimmernde Ausrichtung auf eine „gestalt-orientierte Religionspädagogik", wie ich sie in vielen Jahren meiner Dozententätigkeit[2] in Projektgruppen von Gemeinden und Schulen erprobt habe.
Neu ist darum das für die Gestalt-Arbeit wichtige ruhige „Umkreisen" einer Thematik, einer Geschichte, einer Figur, bis sich alles wirklich „rundet" und innere Bilder gewachsen sind.
Weil ein Praxisbuch natürlich auch seinen konzeptionell-theoretischen Hintergrund offen legen soll, seien vier Aspekte der „gestalt-orientierten Religionspädagogik" hier schon genannt, auch wenn dazu nachher im Kapitel „Zur Konzeption" natürlich mehr, zum Beispiel zum Thema „Spiel und Gestalt", auszuführen ist.
1. Auf vier Grundlagen oder Säulen ruht die „gestalt-orientierte Religionspädagogik", in den Grundzügen von Albert Höfer[3] entwickelt:
   – auf der Gestalt-Philosophie,

- auf der Gestalt-Psychologie,
- auf der Gestalt-Pädagogik,
- auf der Gestalt-Therapie und
- auf der Gestalt-Katechetik.
2. Sie gibt mit Wegen neuer Sensibilisierung und Wahrnehmung Antwort auf heutige Medienherausforderungen der Kinder und Jugendlichen.
3. Weil sie in hohem Maße körperbezogene Pädagogik ist, nimmt sie die motorischen und psychomotorischen Defizite von Kindern und Jugendlichen hilfreich auf.
4. Sie versucht beim spielend Lernenden eine Balance zwischen Außen- und Innenaktivität zu schaffen. Damit setzt sie ein nötiges Gegengewicht angesichts der familiären Erfahrungen vieler Kinder und Jugendlicher, die zu Hause oft einen Lebensstil erleben, in dem ganz auf Außenaktivität und Außenpräsenz gesetzt wird.[4]

So wünsche ich dem „Neuen Spielbuch Religion" viel Aufmerksamkeit in Gemeinden, Schulen, Kinderhorten und Kindergärten, dass sich viele neu auf das Spiel einlassen, weil es öffnen und verändern kann. Am nachhaltigsten verändern sich allerdings religionspädagogische Handlungsfelder, wenn Erwachsene es wagen *mitzuspielen.*

Heist, im Frühjahr 1999   Wolfgang Longardt

Teil A: Zur Konzeption

Fast theoretische Überlegungen eines Praktikers

Gedanken um das Spiel, seine Nähe zu existentiellen
Erfahrungen – und 10 Beispiele eines breiten Spielrepertoires

I. Gedanken rund um das Spiel

1. Spiel und Religion

Schon in den Frühzeiten unserer Menschheitsgeschichte sind Kult und Spiel miteinander verbunden: bald das Umschreiten von Feuer in immer neuen Spielformen, bald als Tanz und Musik an geweihten Orten. Zu Ehren der Gottheiten werden immer neue Spiele erdacht.

Jahrhunderte später wachsen Prozessions- und Mysterienspiele auf jüdisch-christlichen Traditionen. In immer differenzierteren Kunstformen entstehen Liturgien des ehrfürchtigen Spieles vor Gott.

Freilich geschehen diese Kult- und Kulturentwicklungen diskontinuierlich, aber es lässt – wenn auch unterbrochen von Phasen, in denen das sinnenhafte Spielen zur Ehre Gottes etwas verebbte – sich doch ein Wachstumsweg immer reicherer Formen erkennen, auf dem die „Feier des Heiligen" Gestalt wird.

Immer wieder stoßen wir im Psalter auf Impulse zum Singen, Musizieren, Spielen und Tanzen. Auch die Grundstruktur vieler Psalmen trägt spielerische Merkmale; da gibt es Anruf und Echo, Frage und Antwort, Rede und Gegenrede.

Die jüdisch-christliche Tradition weist weit über den Impuls „Singet und spielet *in eurem Herzen*"[5] hinaus – und dies lange bevor in hochkirchlichem Rahmen Liturgie als festliches Spiel vor Gott kultiviert wurde.

Doch wie steht es mit dem Spiel der Kinder in religiösen Feiertraditionen? Offenbar war dies in den Synagogen kein zu hinterfragendes Thema: So ist der Brauch bekannt, bei der Purim-Feier in der Synagoge das Verlesen der Esther-Rolle von Spiel- und Rhythmus-Phasen der Kinder begleiten zu lassen. An diesem Festtag hatten die Kinder Klappern, Rasseln und allerlei Rhythmusinstrumente in die Synagogen mitzubringen. Immer wenn im Verlauf der Esther-Lesung der Name des Judenfeindes „Haman" genannt wurde, war es die Aufgabe der Kinder, „Lärm zu schlagen"[6]. Man kann sich denken, mit welcher Freude und Aufmerksamkeit die Kinder auf ihr Stichwort, auf diesen Namen „Haman", warteten, um vital ihrer Ablehnung seiner Taten Ausdruck zu verleihen.

Beim Fest „Simchat Tora" hatten die Kinder sogar eine traditionelle Schabernackrolle, die sie genüsslich auskosteten, lächelnd von den Erwachsenen toleriert: Sie sollten „heimlich" die Gebetsschals der vor ihnen Sitzenden zusammenbinden, um diese beim nächsten Reigen innerhalb dieses Tora-Freudenfestes zu behindern!

Auf diesem Hintergrund ist Jesu kinderfreundliche Haltung für jeden zu verstehen, obschon diese gewiss vor und nach der „Kindersegnung" ihrer Freude vital Ausdruck gegeben haben.

In sogenannten „Krabbel"- oder „Mutter-Kind-Gottesdiensten" versuchen beide großen Kirchen heute wenigstens teilweise an solche offenen Traditionen anzuknüpfen. Aber auch in Kindermessen und Familiengottesdiensten finden sich kreative Phasen, die dem Spiel Raum geben.

Die Spiele dieses Buches sind von unterschiedlicher Vitalität, bald laut, bald leise, bald meditativ, dann wieder zupackend vital. Aber immer wieder taucht der Bezug zum gottesdienstlichen Feiern auf, nicht wenige dieser Spiele können „Bausteine" für Gottesdienste werden, in denen viel Raum zur Phantasie-Kommunikation gegeben wird.

Andere Spiele, die im Klassenzimmer oder im Pfarrgemeindehaus gespielt werden, münden in meditative Reigentänze, in Gebetslieder oder Gebetsverse. Immer aber ist über Spiel-Phantasie ein Stück Evangelium nachhaltig Gestalt geworden; ja, zuweilen werden biblische Figuren am Ende „gefeiert" – Mittelpunkt eines kleinen Festes.[7]

Ziel ist, für unterschiedliche Altersgruppen erlebbar zu machen, dass Religion und Spiel nicht *neben* der Erfahrungswelt der Kinder und Heranwachsenden stehen, sondern mittendrin. Das Ausspielen und Umspielen biblischer Themen öffnet Tiefe, erschließt neue Horizonte und bringt auf die Spur des Franziskus, für den Baum, Wasser, Brot Stimme haben und so „zur Nachricht vom Ganzen des Lebens" werden.[8]

2. Spiel und Gestalt

Seit Mitte der neunziger Jahre gewinnt die Gestaltpädagogik wieder mehr und mehr an Anerkennung, nachdem sie nach dem Ersten Weltkrieg die pädagogischen Schulreformbewegungen geprägt hat.

Wahrnehmungspsychologen verwiesen schon damals auf die Gefahr zersplitterter, zerfetzter Eindrücke, die psychisch Spannungen belastender Art zur Folge haben.

Ein Erlebnis als Ganzheit zu erfahren, es seelisch zu verarbeiten, das wird für Kinder und Erwachsene immer seltener. Unsere Tagesabläufe, unsere weithin diffusen Lebensstile produzieren eine lose Folge von abgerissenen

Kurzeindrücken, von gehetzten Terminfolgen – auch Kinder haben oft überfüllte Terminkalender.

Solche diffusen Tages-Gestaltungen erlauben immer weniger „Nischen" zu vertieftem, wirklichem Spiel.

Gestalt-Pädagogen versuchen dagegen Erfahrungen zu ermöglichen, die sich runden, die sich „schließen". Je kleiner ein Kind ist, desto mehr ist es auf verlässliche, sich wiederholende, ausbalancierte Abläufe aus. Aber auch später wirkt eine diffuse Tages-Gestalt beunruhigend und unbefriedigend. Seelische Missstimmungen entstehen. Bald weisen dann Verhaltensauffälligkeiten als „Signale" darauf hin, dass hier manches seelisch aus der Balance gekommen ist.

Hier soll nun nicht etwa vom „therapeutischen Spiel" geredet werden, nein, das sogenannte normale Spiel hat gegenüber den unverdauten, rasch aufeinander folgenden Alltagsreizen entlastende, erholsame Funktion. Das Spiel und Gespräch mit dem Lieblingsteddy ist Spielraum zum seelisch-geistigen Verarbeiten von Erlebnissen, auch gerade der ärgerlichen, emotional bedrückenden.

(Wer diskret dabei ein Kind beobachtet, wird auf viele sogenannte Spielrefrains, auf Wiederholungen, stoßen, in denen das Kind seinem Spieldialog unbewusst „runde Form" gibt.)

Viele traditionelle Freiluftspiele, vor allem Gruppenspiele, lassen solche Wiederholungen, fast zeremonielle Refrains, oft in Frage- und Antwortritus erkennen. Spiel hat Gestalt, solange es nicht von außen „deformiert" wird – meist durch Erwachsene.

Abgebrochene, nicht zu Ende geführte Spiele hinterlassen emotionale Unlust. Gestalt-Theoretiker sprechen von der Dynamik einer Gestalt (hier der Spiel-Gestalt), die sich schließen will.[9]

Vorbild-Figuren, faszinierende Figuren aus Film und Erzählungen, auch solche aus der Bibel, locken Kinder zum Imitieren, zum Nachspielen dieser Rolle.

Da springt ein Kind einer Gruppe nach dem Hören des Endes der Joseph-Erzählung auf: „Das wollen wir jetzt spielen." (Ein Eindruck verlangt nach Ausdruckswegen als Reaktion, als handelndes Echo.)

Anderenfalls stauen sich Spannungen auf. Doch können ebenso auch Ausdrucksweisen wie das Malen und Modellieren Raum geben, Eindrücke gestalterisch-spielerisch auszubalancieren.

Einer imponierenden, faszinierenden Gestalt nähern sich Kinder spielerisch, mittels der eigenen nachschöpferischen Phantasie, so entsteht eine Neu-Gestalt.

Aber auch eine ganze Geschichte, die die Kinder über Tage oder Wochen beschäftigt hat, drängt dazu, kreativ neu Gestalt zu werden. Ein großer

Bildfries kann in Gemeinschaftsarbeit entstehen, ein Figurenspiel oder ein Klangspiel in der Dimension Zeit.

Wer je Kinder in solchen kreativen Spiel- und Gestaltungsprozessen partnerschaftlich begleitet hat, weiß, wie sehr Kinder darauf drängen, „ihr" Spiel, „ihren" Figurenfries, „ihre" Klang-Collage wirklich fertig zu machen, denn – gestalt-pädagogisch argumentiert – liegt in der Gestalt des Kinderspielprojektes eine innere Dynamik, die zum Vollenden, zum abschließenden Runden drängt. (Auch uns Erwachsene bedrücken unfertige Vorhaben, nicht abgeschlossene Projekte.)

Spielumgang mit faszinierenden Gestalten kann natürlich ambivalent sein; Angstfiguren im Spiel auszuleben und so zu entzaubern, kann sehr hilfreich sein. Auch ist immer wieder zu beobachten, dass das Nachspielen von Rollen der Mediensuperhelden gerade ängstlichen oder psychisch labilen Kindern kompensatorisch helfen kann.

Im Ausspielen der Begegnung mit Positiv-Figuren, die Zuversicht und Hoffnung vermitteln, ja oft Geborgenheit, leisten wir gleichsam so etwas wie „Innenwelt-Schutz". Bergende, Ruhe gebende Bilder sinken in die Tiefe der Kinderseele. Diese befreienden inneren Bilder pflegen einen positiv gestimmten Gemütsgrund. Darum wird auch vor dem Spielen und Nachspielen biblischer Vertrauensgestalten oft in diesem Buch das Imaginieren empfohlen, bei dem die schon während des Erzählens entstandenen inneren Bilder vor das Auge treten sollen. Sie werden dann durch vertiefende Spielszenen gefestigt und bereichert.

3. Kind und Spiel

Spielen ist Lebensäußerung des Kindes. Im Spiel erprobt und entdeckt es sich selbst, testet Reaktionen seiner Nächsten, erforscht Grenzen und liebt dabei das Wiederholen von Erfolgserlebnissen.

Doch dürfen wir das Spiel des Kindes nicht idealisieren, zumal es Bedingungen von Freiheit braucht.

„Das Kinderspiel ist heute schwieriger geworden. Das Leben in der Stadt, die Forderungen der Schule, die vom Konsumrausch bestimmten Freizeitalternativen (Stichwort: neue Medien) öffnen nicht gerade die aktive Spielfreude. Und doch finden Kinder auch in unserer Welt Nischen zum Spiel."[10] Waldkindergärten mit ihrem naturnahen Spiel- und Entdeckerangebot sind auch darum heiß begehrt, sowohl von Hortkindern als von Vorschulkindern unserer sozialpädagogischen Einrichtungen.

Der Spieltheoretiker Scheuerl unterstreicht in seiner Phänomenologie des Spiels[11] vor allem das zentrale *„Moment der Freiheit"*. Das freilich benötigt gewährten Spielraum.

Wer im Raum der christlichen Kirchen oder als Religionslehrer/in zum phantasievollen Spiel locken will, muss um dieses Merkmal der Freiheit bei jedem wirklichen Spiel wissen. Vorgestanzte Bahnen sind in der Regel spielhemmend. Freiheit zur unerwarteten Wendung, zur Regeländerung, zum Umfunktionieren von vorgefundenem Phantasie-Material sollten erfreuen und uns Erwachsene nicht beunruhigen.

Mit „Spielraum" ist zunächst wirklicher Raum gemeint, Platz zum Bewegen und möglichst gefahrarmen Sich-Ausspielen. „Spielraum" ist aber auch zeitlich zu sehen[12].

Viel zu selten gibt es etwa in engen Stadtverhältnissen Bürgerinitiativen für Spielplätze – gerade auch für solche mit sozialpädagogischen Ansprechpartnern, nicht „Aufsichtspersonen".

Denn die Rolle der Erwachsenen im Spiel der Kinder kann phantasiehemmend oder auch stimulierend sein. Zum letzten Aspekt gehört das partnerschaftliche Mitspielen von Erwachsenen.

„Es war einmal ein Erzieher, der erzog nicht.

Sein Dasein war da sein für seine Kinder.

Er spielte mit!"[13]

4. Spielen und Lernen

In jedem Spiel kommt es zu Lernprozessen. Spielend lernt das Kind seine Motorik zu verbessern, spielend lernt es mehr und mehr Eigenkompetenz, aber auch Sozialkompetenz. Spielend lernt es Grenzen zu erweitern und Grenzen zu respektieren.

Wo Spiel Phantasie schwingen lässt, da kann es zu einem Erfahrungslernen kommen. Dagegen heben sich trockene phantasielose Lernübungen deutlich ab: Da sollen nur Formeln, Buchstaben oder Zahlen eingeprägt werden, womit eine Art „grauen Wissens" erworben wird, das oft genug bald wie gestaltlose Stoffmenge zerbröselt.[14]

Nicht selten gelingen im Spiel „Aha-Erlebnisse", urplötzliche Erfahrungen, Entdeckungen und Einsichten, die ein Leben lang als Schatz von Gelerntem gelten.

Obschon alle Vergleiche bald an Grenzen stoßen, möchte ich versuchen, das Erfahrungslernen im Spiel mit dem Atmen zu vergleichen. Unbewusst atmen wir in jedem Augenblick, wir tun dies ohne festen Vorsatz, wir leben einfach, indem wir atmen.

Einfach als Lebensäußerung spielt das Kind, oft „spielt es drauflos", – ungezielt, aber neugier- und bedürfnis-orientiert. Doch mitten im Spiel kann sich bald intuitiv, bald durch einen Reiz von außen die Richtung und auch die Intensität des Spieles ändern. Ganz bewusst wird dann dies spielend so und dann anders erprobt.

Dem erfahrungsorientierten Spiel, das plötzlich zu bewussten Einsichten führt, kann unser gelegentlich ganz bewusstes Atmen nahe kommen. Tagelang litten wir vielleicht unter großer Hitze, dann kommt ein erlösendes Gewitter! Und danach treten wir nach draußen und genießen in tiefen, erfrischenden Atemzügen die veränderte Luft.

Oder wir mussten lange im Krankenhaus sein, tagelang in einem kleinen Zimmer liegen mit nur geringen Lüftungsmöglichkeiten; endlich werden wir entlassen, wir treten ins Freie, gehen durch die Grünanlagen vor dem Krankenhaus und jeder Atemzug bringt uns wieder Lebenskraft zurück.

Wer je eine Atemschulung oder Atemtherapie durchlaufen hat, weiß um das tiefe, bewusste Atmen als Chance zur Gesundung. Aber selbst wer – wie Sänger oder Schauspieler – Atemübungen erlernt hat, muss anstreben, dies alles dann doch mehr und mehr unbewusst richtig zu machen: vom Zwerchfell her tief und stützend zu atmen.

So kann, zumindest gelegentlich, ein bewusstes tiefes Atmen auch für nicht in Atemtechnik Ausgebildete eine Lernerfahrung werden, – von fern ähnlich dem Aha-Erlebnis im erfahrungsoffenen Spiel.

Wie stark das echte, phantasie-offene Spiel sogar Möglichkeiten für immer weitere interpersonale Lernerfahrungen schenken kann, zeigen nicht wenige Spiele dieses Buches. Wenn etwa in einem Sprechspiel zur Petrus-Geschichte spielend erprobt wird, wie verschieden der Satz „Nein, ich kenne ihn nicht" gesprochen werden kann, so stimuliert das zunächst rein die Freude am Erproben von immer neuen Sprechrhythmen und Sprechmelodien. Spielerisch werden neue Betonungen ausprobiert, dann aber mit der Geschichte, in der Petrus schließlich Angst und Bange wird, rückgekoppelt.

Wie spricht jemand, der seine Angst nicht zeigen will? (Die Kassettenaufnahme als Spielkontrolle ermöglicht wiederholtes Abhören.) Eigene Angsterfahrungen kommen mit ins Spiel (meist natürlich nicht ausgesprochen!). Immer wacher, immer sensibler wird auf neue Wiederholungen des Satzes „Nein! Ich kenne ihn nicht!" geachtet. Ob Sprechklang und Körperhaltung nicht auch zusammengehören?

Vordergründig wurde nur mit einem neutestamentlichen Satz des Petrus „gespielt", aber wer kann sagen, welche kommunikative Kompetenz die

Kinder bei diesem Spielen mit ihrer Einfühlungsphantasie gewonnen haben? Und wie wird dieses Lernen weitergehen, zu neuen Erfahrungen führen, in der Klasse und Gruppe, in der Familie und anderswo?

Wer Spielen und Lernen (haftendes Lernen) trennen möchte, der sollte sich auf die genannten trockenen, phantasie-ausschließenden „Lern- und Trainier-Übungen" beschränken, die zu Unrecht als sogenannte „Lern-Spiele" gehandelt werden.

Wo die Phantasie blühen und schwingen darf, da kommt es oft wie von selbst zu Lernerfahrungen im Spiel, die das Kind voranbringen.

5. Spiel und Wahrnehmung

Kinder sehen und entdecken so manches, an dem Erwachsene einfach vorüberlaufen. Sollte es nicht lohnen, dieses Wahrnehmungsvermögen wach zu halten und weiter zu trainieren?

Wenn sich unter den Spielvorschlägen dieses Buches auch ein Spiel mit Schuhen befindet, so geht dies auf Beobachtungen des Autors an den eigenen Kindern und Enkeln zurück. Schuhe könnten viel erzählen. Ein Schuh ist eben mehr als nur ein Gebrauchsgegenstand, der eines Tages abgelegt wird. An den Schuhen, auch an wohl geputzten, sind Spuren ihres Weges. (Sprechende Gesichter sind ihnen durchaus ebenbürtig.) Der Maler van Gogh „sieht" alte Schuhe und nimmt wahr, was daran sonst nicht wahrgenommen wird. Die Dinge sind mehr, als sie scheinen. Sie können die Tiefe der Welt öffnen, wenn wir sie anders als immer nur unter dem Prinzip der Zweckmäßigkeit betrachten. Der Philosoph Heidegger nennt das „Welt-Eröffnung"[15], Martin Luther redet in diesem Sinn von „Aufweckung"[16].

Wenn im Spiel Schuhe, die phantasievoll, einfühlsam wahrgenommen wurden, zu redenden Figuren, zu Partnern werden, so ist dem ein Akt vorausgegangen, der nahe am biblischen „Hephata" anzusiedeln ist, an dem „Tut euch auf, ihr Augen"[17], dann könnt ihr mehr sehen als nur den Vordergrund der Welt.

Eine solche vertiefte Spielwahrnehmung kann auch mit dem aufmerksamen, liebevollen Drehen und Wenden eines Steines verglichen werden. Oft werden in diesem Buch solche umkreisenden Wahrnehmungen einer Geschichte angeregt. Tieferes Wahrnehmen, intensiveres Eindringen in die Sinnschichten biblischer Texte kann sich so ereignen.

Auch in Kirche und Schule gibt es leider flüchtiges Benutzen der Dinge, das Vorbei-Eilen an den Geschichten, die „Edelsteinen" gleichen, aber eben nur rasch von einer Seite beleuchtet werden. In der Schule wird dies oft mit dem Druck eines übervollen Lehrplanes begründet, im Raum der Kirche – etwa in der Gruppenarbeit mit Kindern – findet sich der Grund oft in der eigenen inneren Unruhe des Erwachsenen, der die jeweilige Gruppe betreut und zu wenig seinen eigenen Lebensstil (der auf die Kinder abfärbt) reflektiert. In letzter Konsequenz führen diese „verhinderten Tiefenwahrnehmungen" zur Frage eines hoffentlich „gelasseneren Umgangs" mit der Zeit.

6. Spiel und Zeit

In einem geglückten Spiel können Kinder alles vergessen, auch die Zeit – wie schön!

Diese Erfahrung hat mir freilich eine der wenigen körperlichen Züchtigungen durch meinen Vater eingebracht, an die ich mich aus Kindertagen erinnern kann. Ein Klassenkamerad erzählte mir auf dem Heimweg von der Grundschule – wir besuchten die 1. oder 2. Klasse – von seiner Eisenbahn, die ihm seine Eltern zu Weihnachten geschenkt hatten. „Willst du sie mal sehen? Komm mit, wir spielen damit!" Dieser so freundlich klingende Satz war der Auslöser für einen schmerzhaften Tagesausklang. – Wir vergaßen beim Spielen mit dieser Bahn wirklich Zeit und Raum, aber ich erinnere mich, dass es ein herrliches Spiel war. Irgendwann am Abend fand mich nach stundenlangem Suchen und Telefonieren meine Mutter dort beim „Eisenbahn-Freund" und führte mich wortlos durch die dunklen Straßen; ich wusste: Es war ein Gang zu einem Strafgericht. Zwar habe ich dabei gelernt, in jedem Fall Nachricht zu geben, wenn ich nach Schulschluss noch anderes vorhabe, doch dieser Eisenbahn-Nachmittag ohne jede Zeitbeeinträchtigung leuchtet in meiner Erinnerung noch immer wie eine „Paradieserfahrung".

Nicht immer glückte es, dass ich meine eigenen Kinder und später die Enkel vor dem „Herausgerissen-Werden" aus einem tiefen Spielzustand bewahren konnte. Aber einige „Paradieserfahrungen" an großen Festtagen sollten sie positiv in Erinnerung haben: Etwa durfte am Heiligen Abend gespielt werden, bis jedes Kind dabei einschlief ...

Spiel unter Zeitbegrenzung ist verhängnisvoll. Ein geglücktes Spiel lässt zum einen ein Stück Ewigkeit erahnen, zum anderen bringt es oft Ungleichzeitigkeiten auf: Vergangenes und Heutiges oder Gegenwart und Zukunft schwingen zusammen.

So findet sich im „Neuen Spielbuch Religion" zum Beispiel ein Spiel einer Weihnachtskapelle, die zum Kind von Betlehem zieht: Aus Zeitungen mit Schlagzeilen und Nachrichten von heute werden Spiel-Instrumente („Als-Wenn-Als-Ob-Instrumente") geformt durch Falten, Knüllen und Umbinden. Dann geht es hinaus zum „Kind der Maria".

Nur Erwachsene schrecken gelegentlich zusammen ob der „Gleichzeitigkeit der Ungleichzeitigkeit" – dabei ist dies in Tausenden von Kinderspielen so. (In einer Kinderbibelwoche erlebte ich, wie ein Kind vorschlug, aus einem Rollschuh eine König-Ahab-Kutsche zu basteln. Ein Plan, der mit Begeisterung aufgenommen und realisiert wurde.) Vielen Spielen haftet eine Art Zeitlosigkeit an, das macht ihren Reiz aus. Oder: Es scheint die Zeit still zu stehen, was viele Erwachsene beunruhigt.

Zumindest aber im Raum der Kirche und auch im schulischen Religionsunterricht könnte ein Stück glaubwürdigerer Umgang mit der Zeit gut tun. Der Theologe Fulbert Steffensky lädt ein, das oben genannte flüchtige Benutzen der Dinge ab und an zu überwinden. Wir würden gleich den spielenden Kindern eine neue Erfahrung machen. „Dies wäre eine Welt, in der die Dinge Zeit hätten uns einzuleuchten. Da ist man daheim, wo einem das Leben einleuchtet."[18]

Wer Kindern mehr Zeit zum wirklich vertieften Spiel geben will, der könnte vom Kirchenlehrer Augustinus lernen, der Zeit als Anwesenheit göttlicher Gegenwart sieht: „Gegenwart von Vergangenheit, eine Gegenwart von Gegenwärtigem und eine Gegenwart von Zukünftigem"[19].

Oft habe ich selbst in meinem langjährigen Lehrerdasein eine Art Kribbeln in mir gespürt, wenn Kinder etwa in einem Klangspiel zu einem Psalmtext wie „Du hast den Mond gemacht, das Jahr danach zu teilen" (Psalm 104,18) in langem Atem improvisierten. Ich lernte aber von Jahr zu Jahr, dass es – wie vor einem Kunstwerk – auch im Spiel „eine spezifische Art des Verweilens gibt. Es ist ein Verweilen, das sich offenbar dadurch auszeichnet, dass es nicht langweilig wird"[20]. Ich denke, auch eine religiöse Kinder-Klangimprovisation kann eine Art „sabbatliche Erfahrung"[21] sein, ein Fest im Kleinen.

Mag dies nur in Glücksfällen im schulischen 45-Minuten-Rhythmus sich ereignen, aber schon häufiger in schulischen Projektwochen zu einem biblischen Thema, zudem in Schulgottesdiensten oder in Gemeindehäusern innerhalb von Kinderbibelwochen. Das kann bei den Kindern nachhaltige Spuren hinterlassen: bald ein „gestalt-orientiertes" Umspielen in Kreisform oder, noch mehr zum biblischen Kern hinführend, in Spiralform. So werden Erfahrungen möglich, bei denen Kinder sich auch meditativ öffnen und still werden. Dieses „sabbatliche Lernen" ist dann nahe am biblischen „Seid stille und erkennt, dass ich Gott bin"[22].

7. Spiel und Phantasie

In mittelalterlichen Schriften findet sich für *Phantasie* oft die Bezeichnung „scientia intuitiva" (Weisheit des Intuitiven, des Unbewussten).
Im Spielvollzug geht es nicht ohne Phantasie: Ein Stück seltsam geformte Wurzel wird zu einem Waldwesen, ein gerissenes Stück Papierrest eignet sich als Schattensilhouette eines Riesen.
Der Spranger-Schüler Heinrich Dietz hat für den deutschen Sprachraum als Erster unterschiedliche Spielarten der Phantasie definiert: Sie reichen von der Vorstellungs- bis zur Einfühlungsphantasie, von der Projektions- bis zur Ergänzungsphantasie.[23]
Vor realen Dingen, deren Werdegang uns lebendig werden kann, etwa vor einer alten geschnitzten Bauerntruhe, spricht Dietz von Realphantasie. Rollenspiele sind ohne Vorstellungs- und Einfühlungsphantasie nicht möglich. Spuren im Schnee oder solche, die wir legen bzw. uns einander aufmalen, verlangen nach Ergänzungsphantasie – und nicht nur dann, wenn die Spur plötzlich unerwartet abbricht.
Wenn Kinder, vielleicht angeregt von Filmen, eine Spur in Klang oder Geräusch umsetzen wollen, wird sowohl Einfühlungsphantasie ins Spiel kommen wie auch klangschöpferische Phantasie.
Absichtlich offene Geschichten, die zu eigenen Schlussvarianten anregen, stimulieren die „scientia intuitiva"; schließlich soll der eigenerdachte Ausgang einer Erzählung sich mit innerer Logik aus dem Wesen der handelnden Charaktere ergeben.
Bis hin zu den ersten Grundschuljahren ist oft ein wahrer Reichtum an Spiel- und Gestaltungsphantasie zu spüren. Doch dann? So klagen viele Lehrer/innen, wagen sich die Phantasiekräfte der Kinder immer weniger ans Licht ...
Ob wir allzu realistischen Erwachsenen dabei eine Rolle spielen? Ob die kognitive Überbetonung schulischen Lernens dafür verantwortlich ist? Ohne Frage spielen dann bald auch vorpubertäre und pubertäre Entwicklungen eine maßgebliche Rolle. Spiel und Phantasie wagen sich immer seltener über die „Schamgrenze".
Ein methodisch einfühlsamer Erwachsener, der zum Beispiel weiß, welche körperlichen Disproportionen und Hemmungen Pubertierende belasten, wird dann vielleicht ein Maskenspiel anbieten, weil die Maske Chancen des „Versteckens" bietet. Ebenso lockt Hörspielgestaltung dann mehr als das freie Rollenspiel. Das Mikrophon „verhüllt" auch manches, ohne kreative Möglichkeiten des Spiels einzuschränken. Schon Schattenspiel verfremdet und löst dadurch manche Spiel- und Phantasieblockade.

Generell aber kann die „Gottesgabe Phantasie" in allen Lebensphasen verfügbar sein, sie ist trainierbar, sie findet Ausdruckswege. Sind Menschen verliebt, so ist sofort die Einfühlungs- und Partnerphantasie wieder erwacht. Schlummerte sie nur?

II. Spielrepertoire

1. Stegreifrollenspiele

Materialien:
keine; evtl. wenige räumliche Requisiten (Tische, Stühle etc.)

Stegreif bedeutet so viel wie „aus dem Steigbügel" und meint damit, dass der „Reiter damit sofort beginnen kann". Lange Vorbereitungen und Festlegungen sind nicht nötig. Aus dem Stand kann begonnen werden, denn es geht um ein Spontan-Geschehen; aus einem „Klima des Improvisierens". Aber die Redewendung „etwas aus dem Ärmel schütteln" setzt voraus, dass in diesem Ärmel doch etwas vorhanden sein muss: Eine Idee, eine Erfahrung soll „herausgeschüttelt" werden. Spielinstrumentarium und Darstellungstechniken sind nach und nach immer besser erlernbar. Zunächst gilt es, möglichst früh die *sensorischen* Voraussetzungen für ein spielkommunikatives Verhalten zu schaffen, damit so etwas wie ein „Rollenspiel" von Vorschulkind zu Vorschulkind möglich wird.

„Eine der Hauptvoraussetzungen für soziale Korrespondenz ist interpersonale Wahrnehmung. Um adäquat reagieren zu können, muss das Kind das Gegenüber in seiner Eigenart erfassen, es muss die aufgenommene Information richtig werten können. So genügt es, zwischen den Worten zu hören, die Emotionen, die in der Äußerung mitschwingen, den Gesichtsausdruck zu registrieren, die Gestik zu notieren und andere unausgesprochene Hinweise aus der Erscheinung des Gegenüber aufzunehmen."[24]

Für dieses interpersonale Wahrnehmungstraining sind viele Spiele im Bereich des Auditiven (Hören), des Visuellen (Sehen) und des Haptischen (Tasten) nötig. Einige Beispiele seien genannt:

- Ein Kind A beschreibt einem Kind B ein Bild (B kann das Bild nicht sehen!). Das Kind B fertigt eine Kontrollzeichnung an.
- Eine Kindergruppe A erspielt für eine Kindergruppe B eine Geräusche-Kassette (Schritte mit unterschiedlichem Schuhzeug oder Schritte eines Hinkenden, eines Barfüßigen etc.). Die Gruppe B soll nun raten, beschreiben oder bewegungsmäßig imitieren, was gehört wurde.
- Mit verbundenen Augen ertasten die Kinder allerlei Früchte (zum Beispiel Birnen, Äpfel, Radieschen, Karotten etc.). Jedes Kind gibt die

betastete Frucht wortlos dem nächsten Kind weiter; später werden die Unterschiede und Wahrnehmungen verbalisiert.

- Mehrere Kinder, deren Augen verbunden sind, geben bald einer Frau, bald einem Kind und bald einem Mann die Hand; auch hier geschieht zunächst alles wortlos, später tauschen die Kinder die Empfindungen und Unterschiede im Gespräch aus.

Auf dem Weg zum Rollenspiel helfen neben solchem Wahrnehmungstraining auch Phantasiespiele vor Fotos: Was ist im Moment der Aufnahme dargestellt, was geschieht jetzt, wie wird es weitergehen? Ebenso nützlich sind Geschichten, die wir ohne ihr Ende vorlesen: Wie endet diese Geschichte wohl?

Wo gemeinsam gespielt werden soll, da muss die eigene Phantasie geweckt sein – aber auch die Sensibilität gegenüber anderen. Einfache Situationen geben dafür reizvolle Spielaufgaben: Auf dem Markt agieren zwei Werbeverkäufer dicht nebeneinander. Oder: unterschiedliche Parteien kommen in das Wartezimmer eines Arztes.

In jedem Fall sind die drei klassischen „W" jedes darstellenden Spieles zu beachten:

- Wer bin ich (auch: woher komme ich)?
- Wo bin ich (auch: wem stehe ich gegenüber)?
- Was will ich (auch: was soll ich)?

Nur wo wir uns mit Phantasie um echte kleine „Rollenbiographien" bemühen, da kann sich ernsthaftes Rollenspiel entwickeln.

Gestaltungsverlauf:

Den Kindern müssen Thema und Situation deutlich sein; das heißt aber nicht, dass ein Erwachsener immer eine Spielsituation vorgibt. Doch besonders wenn Kinder sich ihr Spielthema selbst suchen, ist deutliche Konturierung nötig, sonst spielt man aneinander vorbei; rasch kann das Spiel diffus und unglaubhaft werden.

In der Praxis von Schule und Gemeinde hat es sich bewährt, bei mehr als acht Kindern Szenen möglichst in Kleingruppen zu entwickeln und sich später im Gruppenplenum der Kritik zu stellen. Das Erspielen einer Szene in größerer Kinderzahl führt rasch zur Unterbeschäftigung einiger Kinder; sie werden „Publikum" statt mit zu agieren.

Didaktisch-methodische Chancen:

Im Stegreifspiel kann sich so etwas wie „originale Begegnung"[25] ereignen, ein Phänomen kommt uns hautnah. Ferner ereignet sich im Spiel ganzheitliches Lernen, vor allem im Stegreifrollenspiel pflegen wir Spontaneität, Expressivität und Reagieren auf den Partner, die Partnerin. So können wesentliche Fortschritte im Sozialisationsprozess und im Partnerschaftsverhalten möglich werden.

2. Stegreifhörspiele

Materialien:
Kassettenrekorder, Mikrophon, evtl. Geräuschrequisiten

Hier handelt es sich um eine Sonderform des Stegreifrollenspiels: Allein in der akustischen Dimension entfaltet sich das Geschehen. Die Frage der Glaubwürdigkeit der im Hörspiel auftretenden Personen stellt sich allerdings genauso. Jeder Darsteller muss nach seiner Rollenbiographie fragen (wer bin ich / wo bin ich / was will ich). Wird beim szenischen Stegreifspiel der Handlungsort durch einige Requisiten (etwa Tisch und Stühle o.ä.) deutlich, so muss im Hörspiel der Ort akustisch angedeutet sein, was oft durch Hintergrundgeräusch geschehen kann. Manchmal wird der Handlungsort auch aus dem Inhalt des Dialogs oder Monologs deutlich. Nur in Ausnahmefällen kann der Handlungsort anonym bleiben. Gerade aber eine sparsame Gestaltung von Geräuschen kann Atmosphäre geben.

Gestaltungsverlauf:
Nachdem die Spielidee gegeben oder von den Kindern erdacht ist, beginnen wir mit der Verteilung der Rollen und ihrer inhaltlichen Klärung. Sodann empfiehlt es sich die Szenen zu gliedern und den jeweiligen Handlungsort zu bestimmen.
Falls die Kinder in dieser Spielgattung noch unerfahren sind, vielleicht auch „mikrophonscheu", so könnte zunächst ohne eingeschaltetes Mikrophon gespielt werden. Eine andere Möglichkeit, Mikrophonscheu zu überwinden, ergibt sich im Vorwegproben akustischer Hintergründe. Wenn die Gruppe oder Klasse erfolgreich „Volksgemurmel" oder die Geräusche eines Wochenmarktes gestaltet hat, ist meist Freude geweckt, nun auch Dialogszenen des Stegreifhörspiels zu wagen.
Grundregel sollte sein: Wir reden, „wie uns der Schnabel gewachsen ist" und es zur Rolle passt, nichts wird aufgeschrieben.
Kommt es zu sinnentstellenden Versprechern, kann dieser kleine Aufnahmeteil eben wiederholt und damit „gelöscht" werden.
Wichtig ist, dass ein Raum ohne großen Nachhall (Überakustik!) benutzt wird. Oft verändert schon das Schließen aller Fenstervorhänge oder das

Ausbreiten einer großen, weichen Decke unter dem Kassettenrekorder eine Überakustik im Raum.

Didaktisch-methodische Chancen:
Hier gilt alles, was schon an Ausdrucks- und Kommunikationsaspekten beim Stegreifrollenspiel positiv erläutert wurde.
Manche Gruppe oder Klasse (besonders mit Kindern zwischen 11 und 14 Jahren) zieht eine Hörspielgestaltung, bei der man nicht zu sehen ist, dem szenischen Spiel vor.
Auch spielt gelegentlich der technische Bezug eine motivierende Rolle: es reizt, mit allerlei Tricks eine akustische Welt „einzufangen".

3. Knet- und Modellierspiele

Materialien:
Knetmasse oder Plastilin (evtl. Ton), mehrere tragbare Unterlegbretter, Tabletts o. Ä., auf denen die fertige Knet-Szene dann aufgestellt werden und auch herumgetragen werden kann.

Gestaltungsverlauf:
Die Figuren und Gegenstände, die wir in einem Knetspiel gestalten lassen, sollten in der Regel etwa nur so groß sein, dass sie in eine mittelgroße Hand passen. Was größer geknetet wird, bringt Stabilitätsprobleme. Wir müssten sonst im Notfall Stützelemente (Stäbe) in die jeweilige Figur hineinkneten, damit das Ganze nicht zusammensinkt.
Bei entsprechender Farbauswahl im Knetmaterial kann natürlich auch bunt gestaltet werden.
Sollen menschliche Figuren entstehen, so wird weniger ihr Gesichtsausdruck als Gebärde und Körperhaltung „sprechend" gestaltet werden müssen.
Geknetetes lässt sich noch recht lange umformen, verändern, so dass immer wieder Korrekturen möglich sind.
Einige heute im Handel erhältliche, knetbare Materialien können sowohl im Backofen gehärtet werden oder sie trocknen und härten an der Luft.
Fallen etwa beim späteren Spiel mit den dann schon gehärteten Figuren einzelne Teile oder Gliedmaßen ab, werden wir sie mit Klebstoff neu ankleben.

Didaktisch-methodische Chancen:
Im vollsten Sinn des Wortes geht es beim Formen und Kneten um ein Lernen durch „Be-Greifen". Figuren und Situationen werden vom Kind wirklich „erfasst" und (nach-)schöpferisch gestaltet.

Spielen wir in Klassen und Gruppen mit knetbarem Material etwa eine biblische Geschichte nach, so sind Kooperation und Gesprächsklärung nötig: Was machst du, was mache ich, was formen wir gemeinsam? Ganz praktisch sind zuweilen auch Größenverhältnisse abzusprechen, man denke etwa an „David und Goliat".

Eine vorher über die Erzählung aufgenommene Geschichte mit Knetfiguren nachzuspielen, vertieft den Lernvorgang und setzt eigene Akzente. Verzichtet man auf Härten oder Brennen, so können – was sehr reizvoll ist – noch im Spiel Gestik und Haltung der Figuren verändert werden.

4. Pantomimische Spiele

Materialien:
keine

Da die Pantomime eine hohe Kunst ist, wird es im spielpädagogischen Vollzug – wo wir nur ab und an zu dieser Darstellungsform greifen – lediglich um „Vorversuche" gehen können, die von fern ahnen lassen, welche Fülle von Gestaltungschancen eigentlich in dieser Kunstgattung liegt.

Pantomime: Die wörtliche Übersetzung aus dem Griechischen lautet „Alles-Nachahmer".

Gestaltungsverlauf:
Vielleicht können wir mit einfachen Spielübungen beginnen: Kaffeetrinken aus einer kleinen Tasse, Zucker-Hineintun und Umrühren oder das Essen eines saftigen Pfirsichs. Alles geschieht natürlich *ohne* Requisiten.

Jede Bewegung wird vereinfacht und auf Wesentliches reduziert. Zu kleine Bewegungen geraten oft undeutlich, alles sollte – ohne billige Übertreibung – ein wenig vergrößernd gespielt werden.

Wo Kinder pantomimische Spielversuche wagen, geht es um deutliches Beobachten. Was die kleinen Darsteller und Darstellerinnen gestalten, müssen sie gleichsam vor sich sehen: das Gehen entlang einer (unsichtbaren) Mauer, durch einen Torbogen etc. Es gilt sich mit aller Phantasiekraft in das, „was man tut, hinzuversetzen, nur dann wird Pantomime glaubhaft“. Marcel Marceau, der französische Meister der Pantomime, spricht von der Kunst, „ohne Worte zu erzählen“. Es gilt „Gefühle auszudrücken, aber nicht etwa wie Taubstumme Worte durch Gebärden zu ersetzen“.[26] Bei Kindern unter 10 Jahren empfiehlt es sich, häufig ein Klangzeichen zu verabreden, auf das hin die Pantomime „erstarren“ soll, gleichsam für ein paar Sekunden zu einem „Standbild“ wird. Alle Zuschauenden reizt dies zur genauen Beobachtung der Gesten.

Didaktisch-methodische Chancen:
In der Kindergruppenpraxis oder im Alltag der Schule zeigt sich, welche überraschenden Chancen zum stillen, konzentrierten Wahrnehmen im pantomimischen Spiel liegen. Wo eben noch wild durcheinander geredet wurde, breiten sich plötzlich fast andächtige Stille und Konzentration aus.

Insgesamt zeigt sich, dass Kinder nach pantomimischen Spielübungen oft sprachlich sensibler und expressiver werden, eine menschliche Situation haben sie nicht nur kognitiv, sondern ganzheitlich und „multi-sensorisch“ wahrgenommen.

Eine weitere Gruppenarbeits-Chance liegt auch darin, dass im gleichen Raum mehrere Kleingruppen für sich kleine pantomimische Spielversuche durchführen können, ohne einander wesentlich zu stören. Nach kurzer Zeit zeigen die Kleingruppen einander ihre pantomimischen Kurzszenen, damit sie gemeinsam ausgewertet werden können.

5. Spurenspiele

Viele Kinder haben Spaß am Entdecken von Tierspuren und Fährten. Doch auch in geschlossenen Räumen sind Spurenspiele unterschiedlicher Darstellungstechnik möglich.

Allen gemein ist der hohe Phantasie-Impuls. Ein oder mehrere Fußabdrücke sind zu sehen, doch wir stellen uns sofort die ganze Person oder das ganze Tier vor (Ergänzungsphantasie!). Wir malen uns aus, auf welche Weise da jemand oder etwas unterwegs gewesen ist: schleichend, rennend, hüpfend etc. Es lassen sich über Spurendarstellung Rätselsituationen oder auch ganze Geschichten gestalten.

Materialien:
Papier oder dünner Karton in unterschiedlichen Farben, Filzstifte, Scheren, bzw. Kartoffeln, Fingerfarbe.

Methode A:
Wir „tupfen" Spuren mit Fingerfarbe etwa auf die Rückseite alter Tapetenbahnen.

Methode B:
Wir stellen uns Spurenstempel aus halben, alten Kartoffeln her. Dazu wird eine Kartoffel aufgeschnitten und mit einem Messer jeweils auf der Innenhälfte der Kartoffel ein Fuß- oder Schuhabdruck gestaltet.
Mit Fingerfarbe oder (dicker) Tuschfarbe versehen, kann dann dieser Schuh- oder Fußabdruck als Stempelinstrument dienen. Nach einigen Stempelabdrücken wird er neu mit Farbe versehen.

Methode C:
Wir malen das Spurengeschehen auf eine Folienrolle des Overheadprojektors. Dafür gibt es wasserlösliche Spezialstifte, die ein Korrigieren ermöglichen.
Ein Vorteil bei dieser Gestaltungsmethode liegt darin, dass der Ablauf langsam abrollend sichtbar wird.

Methode D:
Wir ummalen unsere Füße, die wir vorher auf ein Blatt Papier gestellt haben, und schneiden die Umrisse aus. So können wir Wege und Begegnungen legen, ganze Geschichtenabläufe darstellen.
Ein Vorteil dieser Methode ist, dass wir, nachdem die Schuhsohlen mit Klebeband auf dem Boden fixiert sind, „in den Spuren laufen können".
Müde Schritte, zögernde Schritte oder ein Umkehren lassen sich mitvollziehen.

Ein Nachteil ist der, dass etwa für die Spurengeschichte der „Heimkehr des verlorenen Sohnes" relativ viel Raum benötigt wird: Fußbodenfläche einer Turnhalle, eines leeren Klassenzimmers, eines Gemeinde- oder Kirchsaales.

Gestaltungsverlauf:
Nachdem eine Geschichte oder eine Situation der Gruppe oder Klasse deutlich vor Augen steht, kann versucht werden, das Ganze in papiernen Fußspuren darzustellen und darin dann das Geschehen nachzuspielen. Behutsam wird versucht, gleichsam in die Fußstapfen der handelnden Personen zu treten.
Zunächst werden die Schuhe ausgezogen und die Füße zum Ummalen ihrer Form auf Papier gestellt. Dann gilt es alle Fußformen auszuschneiden. Legt man sie auf dem Boden aneinander, so kann damit eine Schrittspur gelegt werden. Am Abstand der papiernen Fußabdrücke ist zu erkennen, ob hier eine Person weit ausschreitet, zögernd bald vor, bald zurück geht, einen großen Bogen einschlägt oder schließlich stehen bleibt.
Dem Ablauf der Geschichte oder Szenenfolge gemäß gilt es mit Einfühlungsphantasie überzeugende Schrittabläufe (Spuren) zu gestalten.
Bei sehr glattem Fußboden kann es sinnvoll sein, jede ausgeschnittene Einzelsohle leicht mit einem Klebestreifen zu fixieren, dann kann besser in den Fußspuren gelaufen werden. Die Spurenszene ist also nachspielbar.

Didaktisch-methodische Chancen:
Auf dem Fußboden wird der zeitliche Ablauf des Geschehens als Ganzes sichtbar. Es ist erkennbar, wie gewichtig Details für das Ganze sind.
Schon beim einfühlsamen Betrachten kann das Spurenprotokoll Bilder vor dem inneren Auge wachsen lassen. Anschauung wird gewonnen, der Ablauf klärt sich.
Weil Phantasiekräfte geweckt werden, geschieht ein Lernen mit vielen Sinnen. In unserer Phantasie wachsen über den Spuren die Körper aller handelnden Personen. Lerntheoretiker sprechen hier vom Nutzen der „Ergänzungsphantasie".
Körperhaftes Lernen geschieht darüber hinaus dann, wenn in den Spuren Schritt für Schritt das Gehen, Schleichen, Laufen, Fallen etc. nachempfunden wird. Oft geschieht es wie von selbst, dass passend zum speziellen Gehen sich die entsprechende Gestik und Mimik einstellt. (Wie jemand geht, das sagt letztlich etwas über seinen Gefühlszustand aus.)
In der Praxis von Spurenspielen hat sich oft das Gestalten auf alten Tapetenbahnen bewährt, leicht können sie entrollt und später wieder aufgerollt werden. Für eine Vertiefung Tage später ist die Spurenrolle leicht verfügbar.

6. Spiele mit Wollfadenbildern

Materialien:
verschiedenartige Wollreste (Fäden in unterschiedlicher Länge)
Als Unterlage einfarbige Teppichfliesen oder Wolldecken bzw. Flanell.
Einige flache Gefäße mit Wasser zum Anfeuchten der Fäden.

Gestaltungsverlauf:
Die angefeuchteten Fäden werden in den gewünschten Formen fest gegen
die weiche Arbeitsunterlage gedrückt. Wollfadenbilder haften in der Regel
stundenlang. Arbeitet man zum Beispiel auf mit Flanell bespannten Holz-
platten, so kann man die fertigen Wollbilder ohne Schwierigkeiten bis zu
einem Winkel von 45 Grad schräg stellen oder behutsam transportieren.

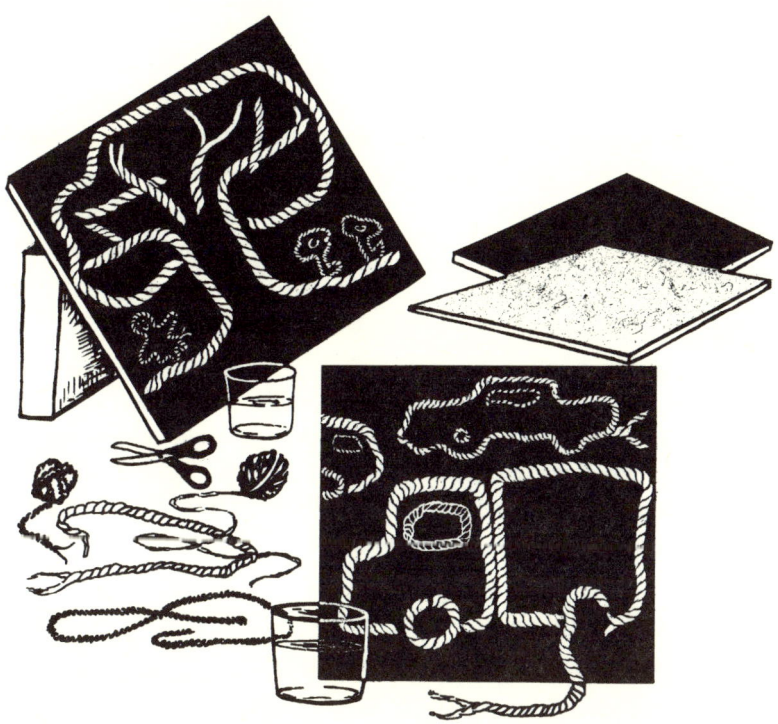

Didaktisch-methodische Chancen:
Während bei Mal-, Zeichnungs- oder Klebearbeiten das Ergebnis nur
schwierig zu korrigieren ist, besteht hier „*ohne* Radiergummi" leicht die
Möglichkeit, etwa eine Figur zu verändern bzw. total zu entfernen. Nie-

mand ist auf ein weniger geglücktes Ergebnis festgelegt, immer wieder kann gleichsam „spurenlos" geändert oder neu begonnen werden, bis sich ein Erfolgserlebnis einstellt.

Besonders bei großflächigem Arbeiten bietet sich zudem die Chance zur Kooperation. Man lernt gegenseitig sich zu verständigen, Teilaufgaben auszuführen etc. Gemeinsames Planen und Ausführen, gute Kooperation werden dann geübt.

Freilich besteht ein Nachteil dieser Technik in der Schwierigkeit, großformatige Wollfadenbilder längere Zeit „aufzubewahren". In der Praxis hat sich dann das Abfotografieren mit Weitwinkel-Obkjektiven bewährt.

7. Schattenspiele in vergrößerndem Licht

Materialien:
Manchmal entdecken Kinder zufällig beim Spielen mit einer Taschenlampe, dass schräg einfallendes Licht Schatten besonders stark vergrößern kann. Diese physikalische Gegebenheit nutzen wir beim Spielen *vor* einer weißen Wand. Die Lichtquelle (ein Projektor, ein Punktstrahler o. Ä.) wird ein wenig schräg nach oben weisend auf dem Boden postiert. (Bei einem Diaprojektor legen wir einfach zwei Bücher vorn unter seine Standfüße.)

Gestaltungsverlauf:
Ist der schräge Lichtstrahl nun auf eine weiße Wand oder ein helles, gespanntes Tuch gerichtet, stellen sich Personen 1–1,5 m *vor* diese Projektionsfläche: Ihr Schattenbild wächst deutlich. Wer zuschaut, ist anfangs verwundert, dass alle Schattenspielenden auch als Person sichtbar sind, während oben ihr vergrößertes schwarz-weißes Bild erscheint. Doch bald wird deutlich, wie reizvoll diese „Doppelung" ist, die Augen der Beobachtenden wandern hin und her: bald zu den Agierenden, bald zum großen Schattenbild.

Wird vor einem größeren Publikum gespielt und ist die Lichtschrägung stark genug, so sehen die Zuschauer der dritten und vierten Stuhlreihe praktisch nur noch das Schattenbild.

Didaktisch-methodische Chancen:
Im Gegensatz zum traditionellen Schattenspiel (dicht an einer Leinwand oder einem gespannten Tuch) können bei der Schrägtechnik alle „Spieler" ihre Bewegungen selbst beobachten und kontrollieren.

Niemand wird sich blenden lassen wollen und schaut in Richtung auf die Lichtquelle; nein, alle Personen, die mitspielen wollen, wenden sich ganz oder halb der Projektionsfläche zu. Dies gibt zum einen den oben genannten Kontrolleffekt (rasch wird deutlich, wann eine Bewegung unklar oder zu schnell ausgeführt ist!) und schenkt gesteigerte Spielfreude!

In der Praxis der Schul- und Familiengottesdienste hat es sich bewährt, zwei Bettlaken zusammenzunähen und rechts und links an Besenstielen oder Rundholzstäben zu befestigen. Kurz vor Beginn einer Schattenspielszene traten zwei kräftige „Leinwandträger/innen" vor den Altar und breiteten die Projektionsfläche aus. (Vorher war natürlich in einer letzten Probe ihr Standort genau markiert worden!)

Auch ist es ratsam, die Lichtquelle zu schützen, indem am Boden einfach ein Stuhl über sie gestellt wird.

Um ein langsames Auf- und Ausblenden zu erreichen, wird, gleichsam „wie in Zeitlupe", ein Stück Pappe oder Zeichenkarton vor der Lichtquelle weggezogen bzw. wieder vorgeschoben.

Ist das kleine Schattenspiel im Gottesdienst zu Ende, treten die „Leinwandträger/innen" wieder beiseite, und die Sicht auf den Altar ist wieder frei. In der Regel kann auf eine Raumabdunkelung verzichtet werden.

8. Textpuzzlespiele

Materialien:
getippter Text auf Papier, Karten zum Aufkleben, Scheren

Jedes Kind hat Erfahrung im Bilder-Puzzlespiel. Das Sätze- oder Textzeilen-Zusammenpuzzlen ist weniger bekannt.

Gute Geschichten (und dazu können wir auch alle biblischen Erzählungen und Gleichnisse rechnen) haben eine innere logische Abfolge, so dass auch Kinder, die den Inhalt nicht kennen, in der Lage sind, den Erzählablauf aus Teilsätzen zusammenzubauen.

Natürlich helfen dabei auch Kennzeichen der Rechtschreibung, weil eben zu erkennen ist, wo mit Großschreibung etwa ein neuer Satz beginnt oder nach Doppelpunkten eine direkte Rede folgt.

Gestaltungsverlauf:
In der Regel ist ein Textpuzzle dann gut handhabbar, wenn ein kurzer Geschichtentext zunächst per Schreibmaschine getippt vorliegt und dann auf Karton geklebt wird. Anschließend erfolgt das Zerschneiden in Zeilenstreifen, ein- oder zweizeilig.

Für eine Kindergruppe oder Schulklasse kann jedem Kind ein einzelner Textstreifen gegeben werden. Jedes Kind liest sich seinen Streifen durch und nimmt mit den anderen Kontakt auf, wo eventuell auf Anhieb Anschlüsse erkennbar sind.

Häufig erfinden die Kinder geschickte Vorgehensweisen, in denen etwa zunächst der vermutliche Anfangssatz laut gelesen wird und jemand von seinem Textstreifen die passende Fortsetzung liest.

Didaktisch-methodische Chancen:
Überall da, wo stille Einzel- oder Kleingruppenarbeit geschätzt wird, sind dafür in der nötigen Kinderzahl vollständige Puzzle-Sätze mit allen Strei-

fen zu kopieren und vorher auszuschneiden. Kinder lieben es, alle Streifen vor sich auszubreiten, sie dann schiebend hin- und herzuordnen.

Im Umgang mit biblischen Geschichten und deren Wiederholung hat sich auch das Ausgeben von „Alternativ-Textstreifen" bewährt: Wann sagt eine Person diesen oder jenen Antwortsatz auf eine Frage? Der sogenannte „falsche" Textstreifen ist zu finden.

Dieses methodische Vorgehen ist mit den sogenannten „katechetischen Variationen" verwandt, bei denen biblische Geschichten mit Alternativ-schlüssen angeboten werden, um das Besondere, das Provozierende etwa einer Jesus-Reaktion herauszuarbeiten.

9. Titelspiele

Materialien:
Schreibmaterial (Stifte, Zettel etc.) bzw. Wandtafel, Tapetenrolle oder groß-flächiges Papier sowie Filzstifte, Kreide o. Ä.

Gestaltungsverlauf:
Möglichkeit A:
Für eine Geschichte, ein Bild oder einen Film werden mehrere vorbereitete Auswahltitel zum Aussuchen gegeben.
Unter den vorgegebenen Überschriften befinden sich auch provozierend falsche, halbfalsche, fragwürdige.
In Kleingruppen oder im Plenum wählen die Kinder zunächst die „total unbrauchbaren" Titel aus und streichen sie.
Dann werden die „besseren Titel" im Für und Wider erörtert. Am Ende könnte zwischen zwei „Favorit-Titeln" abgestimmt werden.
Möglichkeit B:
Für eine Geschichte, ein Bild oder einen Film denken sich die Kinder eigene Überschriften aus. Besonders reizvoll ist es, die Aufgabe so zu stellen, dass möglichst zwei gegensätzliche Überschriften zu erfinden sind: z. B. eine humoristische oder zugkräftige und eine ernst gemeinte, die das wirkliche Problem beschreibt.
Auch können Titel aus der Sicht der jeweils beteiligten Personen formuliert werden.
Alle aufgeschriebenen Titel werden gesammelt und gut durchgemischt.
Die Auswertung kann dann ähnlich wie oben skizziert erfolgen.

In der Praxis zeigt sich, dass jedes Titelspiel eine Herausforderung der Einfühlungsphantasie bedeutet. Die Ablehnung oder Begutachtung führt zur Auseinandersetzung mit der Sache.

Bei der Möglichkeit B kann die Abgabe „anonymer" Titelvorschläge auch zurückhaltende Kinder ins Spiel bringen.

Schließlich können Überschriften aus der Sicht von Beteiligten mit unterschiedlichem Interesse eine erneute, vertiefte Auseinandersetzung mit dem Thema oder Problem eröffnen.

Außerdem werden die Kinder vielleicht etwas aufmerksamer gegenüber den Schlagzeilen von Zeitungen, besonders gegenüber einseitigen Sensationsberichten.

10. Reißbildspiele

Materialien:
Geeignet sind alle nicht zu wertvollen Papiersorten, auch einseitig bedrucktes Papier, Computer- bzw. gelegentlich (etwa für Reiß- und Knüllgestaltung) auch Zeitungspapier.

Gestaltungsverlauf:
Beim Start vieler Reißbildspiele zeigt sich, dass Anfänger zunächst am liebsten die Umrisse einer Figur vorzeichnen wollen, doch gerade der Verzicht darauf ergibt die oft geradezu ungewöhnlichen, reizvollen Reißformen. Im Gegensatz etwa zur stilvollen Scherenschnittgestaltung kann hier nie etwas niedlich oder gar süßlich geraten, alles wirkt ein wenig bodenständig-urig, zuweilen holzschnittartig vergröbert.

Es empfiehlt sich, die fertigen Reißbildgestaltungen möglichst auf einen dunkleren, kontrastierenden Untergrund zu legen. Das kann eine dunkle, einfarbige Wolldecke sein oder ein dunkler Fußboden bzw. kontrastierender Zeichenkarton.

Ist das Thema genannt, so wird die Gruppe, Klasse oder Kleingruppe zunächst beraten. Zum Beispiel können etwa für ein Arche-Noah-Gesamtbild (Innenansicht der vollen Arche, Einstiegszene oder befreiender Ausstieg) viele Detailbilder gerissen und später zu einem großen Ganzen zusammengefügt werden, vielleicht als Collage auf einer großen Pappe.

Didaktisch-methodische Chancen:
Neben der genannten Chance zur gruppenpädagogischen Kommunikation sei für Feste und Gottesdienste auf das Spielen mit Reißfiguren mittels Tageslichtprojektor hingewiesen. Im Schattenumriss eines solchen Overheadbildes ist auch ersichtlich, wie viel Holzanteile im Papier stecken, oft sehen Flächen wie mit Gras bewachsen aus. Darüber hinaus lohnt es, manches gerissene, kleine Stückchen Papier in Ruhe auf dem Tageslichtprojektor nach allen Seiten zu drehen; plötzlich erkennen Kinder „Das sieht aus wie ...".

Wer mit gerissenen Figuren echtes, bewegtes Schattenspiel auf dem Tageslichtprojektor gestalten will, tut gut daran, unten an jede Reißfigur einen Strohhalm als Führungsstab zu kleben.

Ein besonderer Reiz zum bunten Schattenspiel mit Reißbildern bietet sich auf dem Tageslichtprojektor mit farbigem Seidenpapier oder farbigem Cellophan.

Reißbild zur Verleugnung des Petrus

Teil B: Praxisteil mit Spielskizzen

I. Erfahrungskreis 1:
Sich selbst und andere entdecken

(Spiele rund um die eigene Person, um die Familie, die Freunde, die Nachbarn)

1 Von allerlei Augen- und Haarfarben

(Wahrnehmungs- und Zuordnungsspiel)

Zielvorstellung:
Zum einen sollen die Kinder mit Freude die Verschiedenartigkeit und Vielfalt untereinander wahrnehmen, zum anderen sollen sie erfahren, dass Christus uns in all unserer Unterschiedlichkeit annimmt und jeden für gleich wert hält.

Biblischer Bezug:
„Nehmt einander an, gleichwie Christus euch angenommen hat ...“ (Römer 15,7)

Altersempfehlung:
ab 6 Jahre

Situation:
Die Kinder kennen Jesus-Geschichten, in denen er Menschen unterschiedlicher Art annimmt und keinen ausschließt (Beispiele: Zachäus, Segnung der Kinder u. Ä.).

Materialien:
keine außer einem Stück Kreide

Möglicher Ablauf:
a) Im Raum werden drei große Fußbodenkreise mit Kreide aufgemalt. Die Kinder werden aufgefordert, sich in einen der drei Kreise zu setzen, in welchen sie gerade mögen. (Vermutlich setzen sich befreundete Kinder zusammen in den gleichen Kreis.)

b) Im Geheimen werden zwei Kinder eingeweiht, dass es nun darum geht, dass in einem Kreis alle Kinder mit blauen Augen sitzen, im andern die mit grünen Augen, und im letzten alle mit anderen Augenfarben – auch solche, die schwer zu bestimmen sind. Die beiden eingeweihten Kinder führen wortlos „geheimnisvoll" diese neue Ordnung durch. Schließlich merken die anderen Kinder: Hier wird nach Augenfarben sortiert!

c) Wortlos und von jedem Kind selbst durchgeführt könnte nun in einem Kreis der Versammlungsort der hellblonden, im anderen der der dunkelblonden und im dritten der Kreis von Kindern mit anderer Haarfarbe sein.

d) In einem Auswertungsgespräch reden wir darüber, dass bei solcher Sortierung leider manche Freunde und Freundinnen nicht zusammen sitzen konnten; viel lieber mögen wir es, wenn wir selber entscheiden können, mit wem wir besonders nah zusammen sitzen wollen ...

e) Also „löschen" wir die Kreidekreise und setzen uns so, wie wir es mögen – aber alle in einen großen Gemeinschaftskreis.

f) Nun erinnern wir uns an Jesus-Geschichten und ob Jesus Menschen „sortiert" oder manche sogar weggeschickt hat.
Die Gruppe oder Klasse erinnert sich, dass Jesus zum Beispiel einmal Kinder ohne Unterschiede umarmt und gesegnet hat ...

2 Schau genau hin
(Beobachtungs- und Steckbriefspiel)

Zielvorstellung:
Die Kinder sollen in ihrer Personenwahrnehmung sensibilisiert werden, sowohl für die Alltagskommunikation wie für Notsituationen ist das von Bedeutung.

Biblischer Bezug:
„Soll ich meines Bruders Hüter sein?" (1. Mose 4,9)
„Nehmt einander an" (Römer 15,7)

Altersempfehlung:
ab 7 Jahre

Situation:
Die Kinder sind einander nicht mehr unbekannt.

Materialien:
Ein oder zwei großformatige Fotos oder Zeitungsbilder von Personen. Eine improvisierte Sichtblende (etwa eine Wolldecke oder ein Stück Vorhang), hinter der sich ein Kind verstecken kann.

Möglicher Ablauf:
a) Es könnte mit einem gemeinsamen Beobachtungs- und Wahrnehmungstraining an einem großen Foto begonnen werden. Vielleicht ist die Abbildung einer den Kindern weniger bekannten Person dabei einem sogenannten „Star-Foto" vorzuziehen.
   Etwa 10 Sekunden wird das Bild gezeigt und alle versuchen, sich möglichst viele Einzelheiten für eine spätere Personenbeschreibung zu merken.
b) Ist das Bild wieder verdeckt, tragen wir unsere Beschreibungsmerkmale zusammen. Ob dies der Polizei, die uns nach einem Ereignis auf der Straße befragt, genügen würde?
c) Nochmals kann das große Personenbild für wenige Sekunden betrachtet werden. Sicher nennen die Kinder nun weitere Merkmale seines Aussehens.
d) Ob wir auch uns mit „offenen Augen" wahrnehmen, das kann anschließend erprobt werden, indem ein Kind der Klasse oder Gruppe hinter eine Sichtblende gestellt wird. Vielleicht durfte es sich vor allen nochmals kurz im Kreis drehen und dabei von allen Seiten zeigen.
   Nun versuchen sich die Kinder von diesem Kameraden, von dieser Kameradin jeweils drei oder vier äußere Merkmale zu merken. An der Tafel wird dies alles notiert.
e) Jetzt zeigt sich das versteckte Kind wieder und wir entdecken, welche Beschreibung falsch, welche richtig war.
Zumindest in den nächsten Tagen oder bis zu einer angekündigten Spielwiederholung begegnen die Kinder einander mit „wachen Augen".

Variationen/Ergänzungen:
1. Ob wir nun üben, von jemand einen Steckbrief zu schreiben?
2. Auch über Familienmitglieder und deren Eigenheiten lohnt es, „Steckbriefe" zu entwerfen.

3 Wer zu meiner Familie gehört
(Reißbildspiel)

Zielvorstellung:
Die Kinder sollen erkennen, dass sie nicht nur mit den Eltern und Geschwistern, sondern mit einer ganzen Reihe von unterschiedlichen Menschen verbunden sind.

Biblischer Bezug:
„Nehmt einander an" (Römer 15,7)

Altersempfehlung:
ab 7 Jahre

Situation:
Die Kinder sind miteinander schon ein wenig vertraut.

Materialien:
Weißes oder farbiges Papier zum Reißen von Figuren, evtl. Karton und Klebstoff, falls das Reißbild in allen seinen Teilen schließlich aufgeklebt werden soll.

Möglicher Ablauf:
a) Wie verschieden Menschen sind, haben die Kinder schon durch Gespräche und Kommunikationsspiele in der Klasse oder Gruppe erlebt. Menschen sind äußerlich verschieden, aber auch durch ihr Wesen, ihren Charakter. So wird das Zusammenleben bunt und in vollem Sinn „lebendig".
b) Damit dies auch im Blick auf die bunte Zusammensetzung der Familien und Lebensgemeinschaften deutlich wird, tauschen sich die Kinder aus, wer alles und wieviel Personen zur Familie gehören.
c) Sie werden dann angeregt, aus Papier ihre Familienmitglieder zu reißen. Geht ein Kopf entzwei, beginnt man einfach neu; wird ein Arm oder Bein versehentlich abgerissen, kann das Teil wieder mit Klebeband oder Klebstoff angefügt werden.
d) Da Reißfiguren stets von etwas uriger, derber Gestalt sind, wird dies ein fröhliches Spiel. Dies ist umso wichtiger, da es unter Umständen manche Kinder in der Familie nicht leicht haben.
e) Wer es möchte, kann seine Familie „vorstellen": das lustig geratene Äußere, aber vielleicht mit ein paar Worten auch Wesen und Temperament.

f) Abschließend könnte der Kehrvers aus dem Lied in Spiel Nr. 4 gesungen werden: „Mancher Kopf ist härter, mancher ist sehr weich! Gottes Welt wär' halb so bunt, wär'n wir alle gleich!"

4 Zeig mir deine Nase
(Bewegungslied und Kommunikationsspiel)

Zielvorstellung:
Neben dem freudigen Ausleben der Körperlichkeit gilt es darüber zu staunen, dass Gott jeden von uns so verschieden gemacht hat.

Biblischer Bezug:
„Lobet den Herrn, alle seine Werke!" (Psalm 103,22)
„Deine Hand hat mich gemacht und bereitet." (Psalm 119,73)

Altersempfehlung:
ab 5 Jahre

Situation:
Die Kinder kennen Aussagen der biblischen Schöpfungsgeschichten.

Materialien:
Keine außer dem nachstehenden Spiellied:

Text und Melodie: Wolfgang Longardt
© Verlag Ernst Kaufmann, Lahr

Zeig mir dei-ne Na-se! - O, wie schön! Zeig mir dei-nen

Dau-men, lass mich seh'n! Und ich zeig dir mei-ne krum-men Fin-ger

her, je - der sieht ganz an - ders aus, bit - te sehr!

Man - cher Kopf ist här - ter, man - cher ist sehr

weich! Got-tes Welt wär halb so bunt, wär'n wir al - le gleich!

Strophenvarianten: Nasen, Augen, Ohren, Füße etc.

Möglicher Ablauf:

a) Im Kreis zeigen die Kinder einander ihre Hände, die einzelnen Finger, auch die Daumen. Sie entdecken die große Verschiedenheit.

b) An Ohren und Augen setzen wir diese gegenseitigen Beobachtungen fort.

c) Nun wird das Lied eingeführt. Der Text ist so gestaltet, dass er wie von selbst zu Spielbewegungen führt. Die Kinder nehmen bald nach rechts, bald nach links Kontakte auf, fassen vielleicht auch die im Lied benannten Gliedmaßen an.

d) Der sich zweifach wiederholende, immer gleiche Refrain kann zum Reigen werden.

5 Manchmal bin ich traurig – manchmal bin ich froh ...

(Wollfaden-Gesichterspiel)

Zielvorstellung:
Emotionale Erziehung ist ein wichtiger Bestandteil elementarer Religionspädagogik, darum sollen Kinder ermutigt werden, eigene Empfindungen
zu verbalisieren und die ihrer Nächsten wahrzunehmen.

Biblischer Bezug:
„Alles hat seine Zeit, weinen und lachen, klagen und tanzen ..." (Prediger
3,1.4)

Altersempfehlung:
ab 6 Jahre

Situation:
Die Kinder sind miteinander schon ein wenig vertraut.

Materialien:
Bunte Wollfadenreste, flache Schüsseln mit Wasser zum Anfeuchten der
Fäden, einfarbige Teppichfliesen als Arbeitsgrundlage.

Möglicher Ablauf:
a) Wir hören das nachfolgende kleine Gedicht:
   „Was so unter uns geschieht,
   was man hört und was man sieht,
   ist nicht immer fröhlich bloß,
   oft ist auch der Kummer groß." (Wolfgang Longardt)
b) Die Kinder tauschen sich über das Gedicht aus und tragen dazu eigene
   Erlebnisse zusammen.
c) Oft ist schon am Gesicht abzulesen, wie sich jemand fühlt. Darum
   versuchen wir, zum obigen Gedicht auf Teppichfliesen mit Wollfäden
   unterschiedliche Gesichter zu legen, traurige, fröhliche u. Ä.
d) Wir betrachten unsere Fadengesichter und erfinden passende Situationen dazu.
e) Da sich Wollfadendarstellungen mühelos verändern lassen, überlegen
   wir zu manchem sehr traurigen Gesicht und seiner Situation, was den
   Kummer ein wenig kleiner werden lassen könnte.

Durch Verschieben der Fäden (evtl. Abnehmen von „Wollfaden-Trä-
nen") wird nicht gleich ein lachendes Gesicht entstehen, aber möglicherweise eines, das schon wieder etwas zuversichtlicher oder getrös-
teter in die Welt schaut. Zuweilen hilft schon die einfache Nähe zu
einem, der traurig ist, das Teilen der Kummersituation oder das Zuhö-
ren ...

6 Was ich gern tue
(Knetfigurenspiel)

Zielvorstellung:
Die Kinder sollen staunen über die sehr verschiedenen Neigungen und
Vorlieben in der Gruppe oder Klasse. Zum einen kann es dabei um das
Wahrnehmen von Schöpfungsvielfalt gehen, zum anderen kann die erlebte
Freude mit einem kleinen Gott-sei-Dank-Gebet verbalisiert und verbun-
den werden.

Biblischer Bezug:
„Seid dankbar in allen Dingen, denn das ist der Wille Gottes ..." (1. Thes-
salonicher 5,18)

Altersempfehlung:
ab 7 Jahre

Materialien:
Modelliermasse oder Ton, kleine Brettchen oder Pappen als Arbeitsflächen. Tafelanschrieb eines Dankverses.

Möglicher Ablauf:
a) Zur thematischen Einstimmung erzählt ein Erwachsener (Gruppenlei-
   ter/in oder Lehrer/in) von eigenen Lieblingsbeschäftigungen; wobei sie
   sich sehr wohl fühlen, ja hinterher froh und dankbar sind.
b) Die Kinder werden gebeten, das, was sie sehr gern tun, nicht zu verraten, sondern dazu als Rätsel für die anderen etwas zu kneten. Die
   Knetfiguren und modellierten Gegenstände sollen aber nicht zu klein
   sein, damit jeder aus der Gruppe oder Klasse das erkennen kann.
c) Nun werden die Knetdarstellungen nach und nach gezeigt und vielleicht auch erraten, andernfalls gibt das entsprechende Kind über seine

Lieblingstätigkeit ein paar Ratehilfen (z.b.: ich tue das im Freien oder zu Hause, auf einem Tisch oder auf dem Fußboden etc.).

d) Sind alle Knetdarstellungen identifiziert, wird der kleine Dankvers (Tafelanschrieb) gelesen und nachgesprochen:
„Vom Morgen bis zum Abend
den ganzen Tag entlang
erleb' ich oft viel Freude
drum sag ich: GOTT-SEI-DANK." (Wolfgang Longardt)

e) Wer richtig froh ist, der will meist über seine Freude auch sprechen: zu den Eltern, zu Freunden und auch zu Gott ...

7 Von helfenden, schützenden Händen
(Schattenspiel in vergrößerndem Licht)

Zielvorstellung:
Die Kinder sollen zum einen sensibilisiert werden für so manche gute Hände-Erfahrung im Elternhaus, wie auch bei Freunden, zum anderen soll Motivation über Spiel und deutendes Lied geweckt werden, selbst mit Händen Gutes zu tun.

Biblischer Bezug:
„Das Werk unserer Hände wollest du fördern ..." (Psalm 90,17)
„Er ging zu ihm, verband ihm seine Wunden, goss darein Öl und Wein und hob ihn auf sein Tier ..." (Lukas 10,34)
„So gehe hin und tue desgleichen." (Lukas 10,37b)

Altersempfehlung:
ab 7 Jahre

Situation:
Die Kinder kennen die Geschichte vom „barmherzigen Samariter".

Materialien:
Eine starke Lichtquelle (Diaprojektor oder Punktstrahler), eine Leinwand oder helle Raumwand, sowie das nachfolgende Hände-Lied:

1. Es wa-ren gu - te Hän - de da, als ich noch hilf- los war und klein, sie lie-ßen mich nie-mals al - lein, es wa-ren gu - te Hän - de da!

2. Es waren gute Hände da,
   als meine Angst war riesengroß,
   der Vater nahm mich auf den Schoß,
   es waren gute Hände da.

3. Es waren gute Hände da,
   als krank ich war bei Tag und Nacht,
   sie pflegten liebevoll und sacht,
   es waren gute Hände da.

4. Es waren gute Hände da,
   als ich mich nicht mehr kannte aus,
   sie brachten mich zurück nach Haus,
   es waren gute Hände da.

Möglicher Ablauf:

a) Die Kinder erinnern sich an die Samaritergeschichte. Sie tragen zusammen, welche Handbewegungen der Samariter wohl gemacht haben wird:
Zügel des Reittieres ziehen, damit es stehen bleibt, das Tier anbinden,
den Verletzten streicheln, trösten, die Wunden reinigen und verbinden,
ihm zu trinken geben etc. Alles hat er sicher behutsam getan, um die
Schmerzen des Überfallenen nicht zu erhöhen ...

b) Nun erinnern wir uns im Gespräch an eigene Erfahrungen, wo „gute
Hände" uns getröstet, verbunden, geholfen haben.

c) Jetzt wird der Liedtext Strophe um Strophe verlesen, jede darin geschilderte Begebenheit ist leicht spielbar.

d) Dann werden die Kinder mit der vorbereiteten Schattenspieleinrichtung vertraut gemacht. Wenn wir in deutlichem Abstand von der schräg nach oben gestellten Lichtquelle spielen, ist unser Schatten oben an der Wand erheblich vergrößert. (Näheres zur Schräglicht-Methode siehe im Kapitel „Spielrepertoire".)

e) Nun machen die Kinder ihre ersten Versuche: Sie spielen ganz oder halb der Projektionsfläche zugewandt, so dass sie ihre Bewegungen gut kontrollieren können. Vielleicht beginnen sie zuerst damit, dass ein Kind in der Mitte des Spiel-Lichtes traurig und mit gesenktem Kopf

sitzt, nun aber tritt jemand hinzu und streichelt langsam und zärtlich ihm übers Haar. (Die Kinder werden entdecken, dass gerade langsame, große Bewegungen gut zu sehen sind.)

f) Ein oder zwei Strophen werden in Schattenspielszenen übertragen.

g) Schließlich tritt zum Text die Melodie, deren Anfangsmotiv deutlich an ein hilfreiches Sich-Herunter-Beugen erinnert.

Nachbemerkung:
Mit Sicherheit wird das Lied-Umsetzen in Schattenspielszenen die Kinder so fesseln, dass sie demnächst alle Liedstrophen gestalten wollen oder auch noch zusätzlich Samariterszenen unter der Überschrift „Es waren gute Hände da" spielen wollen.

Ergänzender Werkstatt-Bericht:
In einem Hamburger Kindertagesheim spielten 10- und 11-jährige Hortkinder sämtliche Liedstrophen als Schattenspiel. Hier Ausschnitte aus einem Tonbandprotokoll:
„Ich finde, wenn wir das Licht anmachen, muss einer, der aber nicht zu sehen ist, aus dem Hintergrund die Strophe lesen, die dran ist. Dann erst soll das Spiel im Schatten anfangen."
„Ich schlage vor, dass Beate auf der Flöte immer beim Schattenspiel leise die Melodie spielt, weil das auch so zart klingt."
„Nein, das richtige Lied wollen wir alle erst am Schluss der Schattenspiele singen, finde ich."
„Aber dann fehlt am Schluss noch was, vielleicht alle unsere Hände von den Seiten kommen lassen."
„Hm, aber keine Boxhände, sondern wie Streichelhände."
„Nein, einfach Hände, die sich ausstrecken, denk' ich."

8 „Ich möchte mal ein andrer sein"
(Spiellied nicht nur zur Faschingszeit)

Zielvorstellung:
Hinter dem spielerischen Sich-Verkleiden oder Maskieren kann mancher Wunsch nach Veränderung deutlich werden. Auch Unterdrücktes möchten Kinder gelegentlich ausleben: Dies ist ernst zu nehmen. Seelsorgerlich darf Kindern ein Stück erfahrbar werden, dass wir sie „annehmen", so wie sie sind, dies hat Jesus vorgelebt.

„Herr, du erforschest mich und kennst mich, ich sitze oder stehe auf, so
weißt du es; du verstehst meine Gedanken von fern ...“ (Psalm 139,1-2)

Altersempfehlung:
ab 6 Jahre

Situation:
Die Kinder kennen Geschichten, in denen Jesus Menschen annimmt, die
andere nicht mögen.

Materialien:
keine außer dem nachfolgenden Spiellied:

Text und Melodie: © Wolfgang Longardt

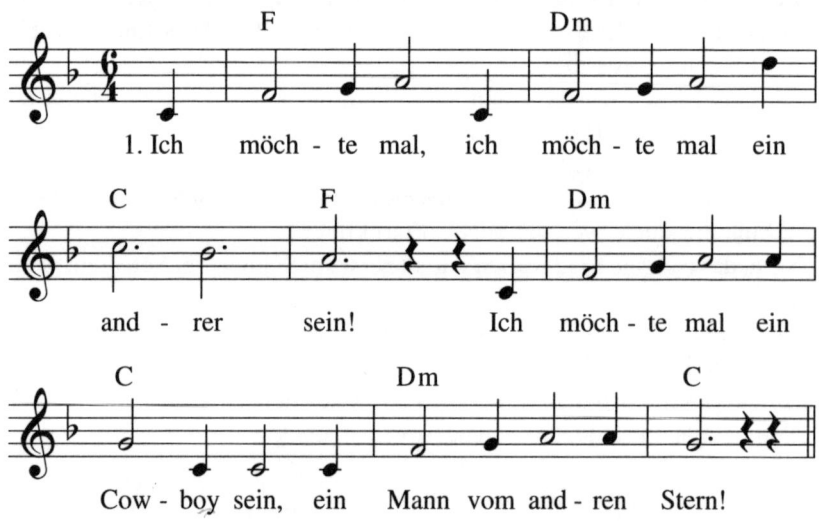

(gesprochener Zwischenteil):
Guck, für einen halben Tag, (Paukenschlag)
ich Kostüm und Maske trag. (Paukenschlag)
Aber es ist ein gelieh'nes Gesicht, (Paukenschlag)
leider ist man so in Wirklichkeit nicht! (Paukenschlag)

sie   mich   doch   sehr   gern.

2. Ich möchte mal, ich möchte mal ein andrer sein,
   bald wie der Riese Goliath, bald wie ein Zauberwicht,
   doch Vater lacht: „Ach, bleib nur so, ich mag dich, sei doch froh!"

3. Ihr habt von Jesus mir erzählt, der jeden mag!
   Auch wenn ich mich nicht leiden kann – und wenn mein Bauch voll Wut?
   Dass einer mich ganz wichtig nimmt, das find ich wirklich gut!

Möglicher Ablauf:

a) Wir tauschen uns mit den Kindern aus, warum sie mal ein Riese, ein
   Cowboy oder ein Zwerg mit Tarnkappe sein mögen. (Oft werden die
   Kinder nur Andeutungen machen, welche Sehnsucht oder auch wel-
   ches Identitätsproblem dahinter stecken könnte.) Spielerische Rollen-
   wechsel, in denen etwa ein immer sonst still am Rande agierendes Kind
   plötzlich Wolf oder Riese sein kann, befreien und erleichtern.

b) Auf längere Sicht gesehen aber brauchen Kinder – gerade solche, die
   sich schwer tun – die Erfahrung der Annahme und Geborgenheit, sonst
   hängt auch die Begegnung mit Jesus-Geschichten in der Luft.

c) Nun führen wir – vor oder nach einem Verkleidungsfest – das obige
   Spiellied ein, natürlich werden die Kinder es in Bewegungen umsetzen
   wollen.
   Wo im Spieltext ein rhythmischer Akzent (Paukenschlag o. Ä.) angege-
   ben ist, könnte auch ein Klatschakzent oder ein Fußstampfer bzw. ein
   Schlag auf eine große Kiste erfolgen. Kinder finden überall „ihre"
   Schlaginstrumente.

Ergänzender Werkstattbericht:

In einer Hamburger Grundschulklasse thematisierte die Religionslehrerin
die Freude am Maskieren und Verkleiden. Sie brachte in die Sitzung einer
Arbeitsgemeinschaft ein Tonbandprotokoll mit, aus dem hier einige Aussagen der Kinder wiedergegeben werden:

– „Das hat Spaß gemacht mit dem Lied ,Ich möchte mal ein andrer sein'.
  Weil ich auch unter meinen Geschwistern der Kleinste bin, spiele ich
  gern mal einen Riesen, auch mit Riesenkraft."

– „Na, weil ich so viel Sommersprossen hab, schmink ich mich zu jedem
  Fasching gern als vornehme, schöne Prinzessin."

- „Ich möchte dieses Jahr der ‚böse Wolf‘ sein, vor dem viele weglaufen. Weil ich nicht so laut sprechen kann, hören die andern fast nie auf mich oder sie lachen."
- „Weil ich mir den Oberzollmeister Zachäus fett, dick und hässlich vorstelle, von keinem gern gesehen, imponiert mir, dass Jesus den besucht hat. Ich will mal einen dicken, aber glücklichen Zachäus spielen, weil endlich ihn einer besucht hat."
- „Ich komm als ‚heiliger Mann‘, der alle Bettler einlädt, das muss toll sein."
- „Ich komm als Esel von Betlehem, weil ich mir dann vorstelle, es ist immer Weihnachten ...“

Nachbemerkung: Die Religionslehrerin bat nach dem Verkleidungsfest, dass alle Kinder sich in ihrem Kostüm nochmal malen, aber mit einer Sprechblase am Mund (oder Eselsmaul), wie sie sich gefühlt haben! Das Mädchen, das endlich einmal ein Wolf sein wollte, schrieb in die Sprechblase: „Das möchte ich bald wieder machen ...“ Der Esel von Betlehem: „Warum ist es noch so lange, bis wieder Heilig-Abend ist ...“

9 Was Schuhe erzählen können
(Phantasiespiel zu einem Gedicht)

Zielvorstellung:
Mit viel Einfühlungsvermögen sollen Kinder für Weg-Erfahrungen aus ganz anderer Perspektive sensibilisiert werden. Aus der Sicht der Schuhe mag vieles anders aussehen. Es soll aber deutlich werden, dass Gottes Geleit und seine Nähe auf jeder Wegstrecke erfahrbar sind.

Biblischer Bezug:
„Von allen Seiten umgibst du mich ...“ (Psalm 139,5)
„Du gibst meinen Schritten weiten Raum ...“ (Psalm 18,37)

Altersempfehlung:
ab 8 Jahre

Materialien:
Schuhe unterschiedlicher Größe, von den ersten gehäkelten Babyschuhen über Kinderschuhe bis zu Erwachsenenschuhen. An die Tafel oder auf eine große Pappe wird das nachstehende Gedicht geschrieben:

Ich und du, tragen Schuh,
ach, die können was erzählen,
welche Wege wir uns wählen.
Ich und du, tragen Schuh,
lass uns aufeinander sehen,
auf die Wege, die wir gehen.
Wo wir gehen, wo wir stehen,
bist du, guter Gott, dabei,
ob es hell, ob's dunkel sei.
Ich und du, tragen Schuh,
ach, die können was erzählen,
welche Wege wir uns wählen. (Wolfgang Longardt)

Möglicher Ablauf:
a) Nachdem wir alle gesammelten Schuhe vor uns aufgebaut haben, wird das obige Schuh-Gedicht gelesen. Die Kinder finden heraus, welche Strophe inhaltlich ein Gebet ist.
b) Als Phantasiespiel könnten nun zwei unterschiedliche Schuhe, die – ähnlich einem Puppenspiel – auf die Hände gezogen werden, sich unterhalten. Vielleicht ist es reizvoll, wenn zunächst ein Babyschuh sich mit einem alten Erwachsenenschuh unterhält; der große Schuh kann viel erzählen, er hat so viel erlebt ...
c) Nun können andere Paare – vielleicht in Kleingruppen – solche Phantasie-Dialoge erproben. Danach werden sie im Plenum allen vorgeführt.
d) Da die Kinder jetzt bestimmt schon „mutiger" geworden sind, könnten auch Monologe, „Selbstgespräche" eines Schuhs versucht werden. (Vielleicht redet ein Schuh, der einmal in großer Gefahr war?)
e) Am Schluss sprechen alle nochmals das Gedicht.

10 Was ich werden möchte, wenn ich groß bin
(Pantomimisches Ratespiel)

Zielvorstellung:
Aus ihrem Urvertrauen heraus freuen sich Kinder auf die Zukunft, auf das „Groß-sein". Dieses Vertrauen, diese Zukunftshoffnung sind – gerade gegen manche Ängste – zu stärken.

Biblischer Bezug:
„Hoffet auf ihn allezeit, liebe Leute, schüttet euer Herz vor ihm aus, Gott ist unsere Zuversicht ..." (Psalm 62,9)
„Du bist meine Zuversicht, Herr, von meiner Jugend an ..." (Psalm 71,5)

Altersempfehlung:
ab 6 Jahre

Situation:
Die Kinder sind schon ein wenig miteinander vertraut und haben sich schon über die Berufsarbeit der Eltern ausgetauscht.

Materialien:
Keine, wir spielen ohne Requisiten und ohne Worte.

Möglicher Ablauf:
a) Wir sprechen mit den Kindern über allerlei Berufe, auch über deren Schwierigkeiten. Viel gilt es dafür zu lernen, aber viel macht daran auch Freude ...
b) Allein oder zu zweit überlegen die Kinder, was sie einmal werden möchten, wenn sie groß sind. Dieser Beruf soll als pantomimisches Rätsel vorgespielt werden.
c) Dann kann – nach einer Vorbereitungszeit – das Vorspielen und Raten beginnen. Gelegentlich mangelt es in Gruppen oder Klassen an Mut und Spielfreude. Das „Eis" kann meist leicht „gebrochen" werden, wenn ein Erwachsener (Lehrer/in oder Gruppenleiter/in) pantomimisch vorspielt, von welchem Beruf er oder sie als Kind geträumt haben ...
d) All diese zuversichtliche Vorausfreude könnten wir zusammenfassen in einem gemeinsam gesprochenen Gebetsvers:
„Wo ich gehe, wo ich stehe,
bist du, lieber Gott, bei mir,
wenn ich dich auch niemals sehe,
weiß ich sicher, du bist hier.
Meine Wünsche und mein Hoffen
liegen, Gott, vor dir ganz offen.
Amen."

11 Von der Arbeit meiner Eltern

(Stegreifspiel)

Zielvorstellung:
Die Gruppe oder Klasse soll von der vielfältigen Arbeit der Eltern oder Lebenspartner erfahren, die mit ihrem Tun für die Kinder sorgen.

Biblischer Bezug:
„Du sollst deinen Vater und deine Mutter ehren ...“ (2. Mose 20,12)

Altersempfehlung:
ab 6 Jahre

Situation:
Die Kinder sind schon ein wenig miteinander vertraut.

Materialien:
Keine, es wird nahezu ohne Requisiten gespielt.

Möglicher Ablauf:
a) Die Gruppe oder Klasse teilt sich in mehrere kleine Spielteams auf. Erst dort „verrät“ jedes Kind etwas von der Tätigkeit seiner Eltern. Die meisten Berufe lassen sich im Stegreifspiel nur in der Kleingruppe darstellen: Beispiel Verkäufer/in und Kunden, Lehrer/in und Schüler/innen, Arzt und Patient/in etc.
b) Nach einer Vorbereitungszeit beginnen die Kinder, sich ihre Szenen vorzuspielen. Sollte eine Szene das Arbeitsfeld nicht deutlich genug herausstellen, so kann natürlich nachgefragt werden.
c) Es empfiehlt sich, vielleicht immer nach zwei, drei Stegreifspielen, eine Pause für ein Gespräch einzulegen· Was ist bei dieser Arbeit besonders anstrengend, was macht dabei müde? ...
d) Schließlich setzen wir die Spielszenen fort. Sollte sich ein Beruf nicht gut im Spiel darstellen lassen, so kann vielleicht eine Zeichnung helfen, die auf der Tafel oder einem großen Zeichenblatt entsteht. Alle versuchen dann die Lösung zu erraten.
e) Behutsamkeit wird der Aspekt der Arbeitslosigkeit verlangen. Manche Kinder spielen den früheren Beruf von Mutter, Vater oder einem/einer Lebenspartner/in. Natürlich ist auch Arbeit im Haushalt und mit kleinen Kindern ein voller „Job“, ist wichtig und strengt an.
f) Ob am Ende ein kleines Dankgebet stehen kann?

„Guter Gott, wir denken an unsere Eltern,
sie haben es oft nicht leicht.
Steh du ihnen bei, schütze sie.
Danke, dass wir Menschen haben,
die gut für uns sorgen. Amen."

12 Unterschiedliche Kirchen, unterschiedliche Gebetshäuser

(Reißbildgestaltungen)

Zielvorstellung:
Die Kinder sollen in Respekt und Offenheit gegenüber der anderen Religion/Konfession ihr Wissen erweitern und dabei auch die religiösen Bedürfnisse anderer achten lernen.

Biblischer Bezug:
„In meines Vaters Haus sind viele Wohnungen ..." (Johannes 13,2)

Altersempfehlung:
ab 7 Jahre

Situation:
Die Kinder sind schon miteinander vertraut und haben über ihre Religionen und Konfessionen gesprochen.

Materialien:
Papierreste, evtl. dunkler Karton als Kontrastgrund, Klebstoff.

Möglicher Ablauf:
a) Die Kinder erzählen von den unterschiedlichen Gebetshäusern und Kirchen ihrer Familien.
b) Aus Papier beginnen sie in Einzelarbeit ihre Kirche, Synagoge oder Gebetshaus (Moschee) zu reißen. Wird ein Teil versehentlich zuviel abgerissen, so kann das sofort wieder angeklebt werden. Schließlich kommt alles auf dunklen Kontrastkarton und wird dort festgeklebt.
c) Anschließend setzen sich die Kinder in den Kreis, wo Bild für Bild vorgestellt und auf Nachfragen weiter erklärt wird.

d) Am Ende liegen alle Reißbilder auf dem Boden: Häuser, Gebäude, in denen gebetet wird.

Zusatz-Impuls:
Ganz gewiss werden die Kinder sich untereinander weiter austauschen wollen. In der Klasse oder Gruppe kann dies unterstützt werden mit dem Schattenspielvorschlag in Nummer 13 „Andere beten anders ...“

13 Andere beten anders ...
(Gebetshaltungen in vergrößerndem Schattenspiel)

Zielvorstellung:
Oft werden Kinder schon in ihrer nächsten Umgebung entdecken, dass Spielkameraden und Freunde/Freundinnen anderen Weltreligionen bzw. Konfessionen angehören. Dies gilt es auch durch das Schattenspiel behutsam und in Respekt voreinander aufzunehmen.

Biblischer Bezug:
„Aber ich sage euch: Viele werden kommen vom Morgen und vom Abend, von Osten und von Westen und mit Abraham, Isaak und Jakob im Himmelreich sitzen ...“ (Matthäus 8,11)
„Vor ihm werden alle die Knie beugen, die im Staube liegen ...“ (Psalm 22,30b)

Altersempfehlung:
ab 8 Jahre

Situation:
Die Kinder sind schon ein wenig miteinander vertraut und sind offen genug, über ihre Religion oder Konfession zu sprechen.

Materialien:
Eine starke Lichtquelle (Punktscheinwerfer, Diaprojektor o. Ä.), dessen Licht wir von schräg unten gegen eine helle Wand werfen. Evtl. ein Musikinstrument: Flöte o. Ä. (Zur Technik des Schattenspiels mit schräger, vergrößernder Lichtquelle siehe im Kapitel „Spielrepertoire“, Seite 32.)

a) Wir tauschen uns in einem einstimmenden Gespräch darüber aus, dass Menschen nicht nur alle verschieden sind, sondern auch verschiedenen Glauben haben, verschiedenen Religionen angehören.
Wir stellen fest, wie viele unterschiedliche Konfessionen oder Weltreligionen in der Gruppe oder Klasse sind.
b) Auch die Körperhaltungen und Gebetshaltungen sind bei Christen, Juden, Muslimen etc. unterschiedlich. Selbst bei Christen gibt es mehrere Gebetshaltungen.
c) Vor schräger Lichtquelle in 1,5 m Abstand von der Wand stellen die Kinder ihnen vertraute Gebetshaltungen dar.
d) Vielleicht treten die Kinder zu einer ruhigen Flötenmelodie langsam nacheinander in den Lichtschein.
Es muss dabei keine Religion oder Konfession benannt werden, vielleicht nur jeweils der Satz: „Wir beten so ...“
e) Es kann sein, dass die zuschauenden Kinder die eine oder andere Geste nach- oder mitmachen wollen. Im Auswertungsgespräch kann deutlich werden, welche Haltung/Gebärde besonders konzentrierend empfunden wird.

14 Der Axtdieb

(Titelspiel zu einer chinesischen Parabel)

Zielvorstellung:
Die Kinder sollen sich mit den Personen dieser „Verdachts-Geschichte“ identifizieren und die Nähe zum biblischen Gebot erkennen.

Biblischer Bezug:
„Du sollst nicht falsch Zeugnis reden wider deinen Nächsten.“ (2. Mose 20,16)

Altersempfehlung:
ab 9 Jahre

Situation:
Den Kindern sind die Zehn Gebote bekannt.

Materialien:
Keine außer der nachstehenden Parabel und einem möglichen Tafelanschrieb.

„Ein Mann hatte seine Axt verloren und er vermutete, der Sohn seines Nachbarn habe sie ihm gestohlen. Er beobachtete daher seinen Gang: Seine Schritte schienen die eines Axtdiebes zu sein, seine Art zu reden, sein Blick, alles sah nach einem Axtdieb aus. Tage später fand der Mann, als er in seinem Garten einen Graben aufwarf, seine Axt wieder. Tags darauf sah er wieder den Nachbarssohn: Seine Schritte waren nicht die eines Axtdiebes, auch seine Art zu reden und sein Blick waren nicht die eines Axtdiebes, nichts was der Nachbarssohn tat, sah nach einem Axtdieb aus."

Parabel aus dem alten China[27]

Möglicher Ablauf:
a) Nachdem die Geschichte verlesen ist, wollen wir in Kleingruppen unterschiedliche Überschriften, allerlei neue Titel für diese Parabel erfinden:
   – solche aus der Sicht dessen, der seine Axt vermisst,
   – solche aus der Sicht des Nachbarssohns, der wohl gemerkt hat, dass er merkwürdig beobachtet wird,
   – allgemeine Überschriften.
b) Alle erfundenen Titel werden an der Tafel notiert. Wir tauschen uns im Gespräch aus, warum welche Überschrift uns gefällt oder nicht gefällt.
c) Wir stimmen ab und suchen in den drei oben genannten Kategorien die „Siegertitel".
d) Wir überlegen, ob das Gebot vom „Nicht-Falsch-Zeugnis-Reden" hier vielleicht schon berührt wird, allein, wenn sich der Mann in den Verdacht „hineinsteigert"? Wer kann ausschließen, dass er seine Verdachtsgedanken gegenüber seiner Familie oder Freunden ausspricht?

15 Die „Axtdieb"-Parabel in szenischen Variationen
(Stegreifspiel)

Zielvorstellung:
Auf der Spur des 8. Gebotes sollen die Kinder erkennen, dass es kaum möglich ist, ein laufendes Gerücht noch wirksam zu stoppen.

Biblischer Bezug:
„Du sollst nicht falsch Zeugnis reden wider deinen Nächsten." (2. Mose 20,16)

Altersempfehlung:
ab 10 Jahre

Situation:
Den Kindern sind die Zehn Gebote bekannt und sie sind schon im Stegreif-rollenspiel geübt.

Materialien:
Eine Axt, einige farbige Umhängetücher zum Andeuten von Kostümen.

Möglicher Ablauf:
a) Nachdem die Parabel (siehe Text Seite 61) vorgelesen ist, schreiben wir uns die handelnden Personen auf. Wir erfinden zu beiden „Parteien" noch Familienangehörige und Freunde.
b) Wir hören nochmals das 8. Gebot.
c) In Kleingruppen erfinden wir im Stegreifspiel Familienszenen von bei-den Seiten, in denen zum einen der Verdacht ausgesprochen wird und zum anderen – bei der Gegenseite – Verwunderung über ein veränder-tes Benehmen der Nachbarn geäußert wird.
d) Der Mann, der die Axt vermisst, und seine Familie erzählen Freunden von ihrem Verdacht. Das Gerücht beginnt zu laufen; auch dies spielen wir in Stegreifszenen aus.
e) Die Wende tritt ein, die Axt ist wieder da. Wegen ihres schlechten Gewissens versucht die Familie, deren Axt gefunden ist, untereinander und bei den Freunden das Gerede zu stoppen. In den Spielszenen kann deutlich werden, dass die Freunde den Verdacht auch längst weiterge-sagt haben ... (Was kann getan werden?)
f) Kommt es in einer erfundenen Schlussszene zu einer Begegnung und einem Gespräch „über den Gartenzaun"? Über den Zaun hat sich die Nachbarsfamilie vermutlich beobachtet gefühlt? Ob man sich noch kurz und knapp gegrüßt hat oder nicht mehr?
Wir spielen Möglichkeiten, wie alles zu Ende gehen kann.
g) Nachdem wir nochmals das 8. Gebot gehört haben, tragen wir erlebte Beispiele aus unserem Umfeld zusammen.

II. Erfahrungskreis 2:
Gottes Schöpfung entdecken
(Spiele rund um Wasser, Luft und Erde, Bäume, Blumen, Tiere ...)

16 Wachsen und Blühen
(Rhythmisch-musikalisches Spiel)

Zielvorstellung:
Die Kinder sollen für das Wunder des Wachsens und Aufblühens sensibilisiert werden, um mit wachen Sinnen der Schöpfung zu begegnen.

Biblischer Bezug:
„Solange die Erde steht, sollen nicht aufhören Saat und Ernte ...“ (1. Mose 8,22)
„... Du feuchtest die Berge von oben, du machst das Land voll Früchte, die du schaffst, du lässest Gras wachsen für das Vieh und Saat zu Nutz den Menschen.“ (Psalm 104,13-14)

Altersempfehlung:
ab 5 Jahre

Situation:
Keimen, Wachsen, Blühen ist mit den Kindern anschaulich behandelt worden.

Materialien:
Einige Musikinstrumente, darunter ein Melodieinstrument.

Möglicher Ablauf:
a) Wir tragen im Gespräch zusammen, was wir vom Weg eines Samenkorns bis zur fertigen Pflanze wissen – bis hin zu einer blühenden Blume.
b) Nun überlegen wir eine Regen-Musik, eine Musik der Sonnenstrahlen, eine zum Keimen und Sich-Ausstrecken etc.

c) Nach einigen Klangproben, wobei vom Erwachsenen ein nach oben aufsteigender Melodiebogen etwa auf einer Flöte improvisiert wird und die Kinder Rhythmusinstrumente bedienen, versuchen wir mit dem ganzen Körper Samenkörner zu sein, die in der dunklen Erde ruhen. (Dafür wird sich die Gruppe oder Klasse teilen: Einige musizieren, andere gestalten das Bewegungsspiel.)

d) Nach der Darstellung von Regen und Sonne strecken die am Boden kauernden Kinder vielleicht zuerst Finger und Hände tastend aus, ehe sie die Arme heben. Bald ist der Stängel das sich ganz ausstreckende Kind. Vielleicht öffnen sich schließlich auf dem Höhepunkt der improvisierten Musik die zunächst über dem Kopf geschlossenen Hände zu Blüten. Sie wenden sich zur Sonne – hier also in Richtung der Sonnen-Musik mit ihren glitzernden Klangfarben aus Triangeln und Becken o.Ä. (Es gibt Blumen, die sich bei Sonnenuntergang leise schließen!).

e) Am Ende unserer Spielversuche hören wir eines der oben genannten biblischen Worte vom Wachsen aus Gottes Kraft.

17 Vom Mann, der dem Korn beim Wachsen helfen wollte

(Moritatenspiel)

Zielvorstellung:
Das Keimen, Reifen und Wachsen braucht seine Zeit, viele Schöpfungsvorgänge sind von uns nicht zu beeinflussen, es sei denn – so sollen die Kinder es spielend erfahren – zum Schaden für Pflanzen, Tiere, Menschen.

Biblischer Bezug:
„Ein jegliches hat seine Zeit, und alles Vornehmen unter dem Himmel hat seine Stunde. Geboren-Werden und Sterben, Pflanzen und Ausrotten ..."
(Prediger 3,1-2)

Altersempfehlung:
ab 6 Jahre

Situation:
Die Kinder haben schon selbst einige Erfahrungen im Säen und Warten auf das Aufgehen und Wachsen der Saat.

Materialien:
Der Text der nachstehenden chinesischen Parabel, Wachsmalstifte und alte Tapetenrollen zum Aufmalen der Szenen, einige Musikinstrumente zur klanglichen Untermalung des Ablaufes.

„Ein Mann aus Sung war sehr betrübt, dass sein Korn nicht recht wachsen wollte. Er versuchte daher, die Halme selbst in die Höhe zu ziehen. Nach dieser Arbeit kam er ganz benommen heim und sagte seinen Leuten: ‚Ich bin sehr müde, ich habe meinem Korn geholfen zu wachsen.'
Sein Sohn lief hinaus, um sich dies anzusehen, fand aber alle Halme verwelkt.
Man lachte noch lange in Sung über den ungeduldigen Mann. Doch es gibt viele Menschen auf der Welt, die den Wunsch haben, dem Korn beim Wachsen zu helfen."

Parabel von Mong Dse[28]

Möglicher Ablauf:
a) Nach dem Lesen der Parabel schließen wir die Augen, um zu erfahren, welche Bilder der Geschichte wir vor unserem inneren Auge sehen. Darüber reden wir anschließend.
b) In großen Bildern kann danach Zug um Zug der Geschichte aufgemalt werden. (Man achte auf großflächige Darstellung!)
c) Schauen wir dann die ganze Abfolge unserer gemalten Moritat an, können Klänge und Geräusche hinzutreten: zum ungeduldigen, unglücklichen Mann, der vor seiner Saat steht, unruhige Schrittgeräusche, traurige Klänge.
Dann sind Geräusche nötig, die sein mühsames Arbeiten und Herausziehen der Keimlinge schildern. Zu Schlaginstrumenten kann ein Schaben am Rand von Tamburin und Trommel treten, schließlich ein großer Missklang, wenn alles verdorben ist.
Vielleicht wollen die Kinder auch eine Lachmusik erfinden, wenn alle anderen in Sung spotten ...
d) Schön wäre es, wenn unsere Moritat, die gut zum Bibelwort „Alles hat seine Zeit" passt, einen kleinen musikalischen Rahmen bekäme, eine Art klingende Überschrift:

Text und Melodie: © Wolfgang Longardt

Wir brin- gen euch, wir brin- gen euch, wir brin- gen euch:

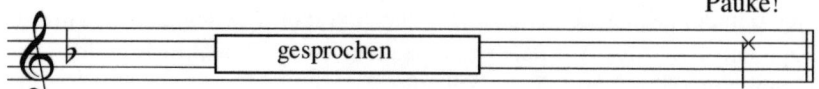

Pauke!

gesprochen

„Die Geschichte vom Mann aus Sung!"

Nach dem letzten Bild der Moritat kann es dann bei gleicher Drei-
klangs-Methode leicht abgewandelt heißen:
„Wir brachten euch ..."

18 Lob der Schöpfung
(Kleine Reimspiele)

Zielvorstellung:
Die Kinder sollen, sensibilisiert für Größe und Schönheit der Schöpfung,
ihre Freude und ihr Staunen darüber in eigenen kleinen Zweizeilern zu
Papier bringen, kleine Verse dazu schmieden.

Biblischer Bezug:
„Herr, wie sind deine Werke so groß und so viel! Du hast sie alle weislich
geordnet; und die Erde ist voll deiner Güter ..." (Psalm 104)

Altersempfehlung:
ab 8 Jahre

Situation:
Nach intensiven Naturbeobachtungen haben die Kinder bereits Bilder von
der Schönheit der Schöpfung gestaltet.

Materialien:
Papier oder Schreibkarton, Schreibzeug.

Möglicher Ablauf:
a) Wir lesen Teile vom Schöpfungspsalm 104 und die Kinder begegnen
dabei alten sprachlichen Formulierungen. Sie überlegen zum Beispiel,
was es in Vers 24 heißen mag „weislich geordnet"? etc.
b) In unserer heutigen Sprache sollen die Kinder nun kleine Zeilen reimen
und aufschreiben: Freude und Lob der Schöpfung ist unser Thema.

c) Um Mut zu machen und Spaß an der Aufgabe zu wecken, werden vom Erwachsenen zwei Beispielverse gelesen, in denen jeweils das letzte Reimwort fehlt:
   - Mit dem Fernrohr seh ich gerne
     abends groß und kleine – – .
   - Gott hat alles schön erdacht,
     tags die Sonne, Mond – – .
d) Als weiterer Tipp könnten Hinweise auf Lieblingstiere, Lieblingsblumen o.Ä. gegeben werden, dann aber sind die Kinder gewiss gut motiviert und das Erfinden der Reime und das Aufschreiben kann begonnen werden.
e) Werden schließlich die eigenen Verse verlesen, könnte immer nach zwei Kinder-Versen – fast wie ein liturgischer Refrain – wieder gemeinsam Vers 14 aus dem Psalm 104 (siehe oben) gesprochen werden. Biblisches Lob und unsere Worte könnten sich so schön verbinden.
f) Um dem Ganzen weiter Gestalt zu geben und alles abzurunden, wäre es schön, mit den Kindern ein ihnen gut bekanntes Lied zu singen, das Gottes Schöpfung lobt (siehe dazu Seite 88).

19 Wie der Mond unser Jahr teilt
(Pantomimisches Spiel)

Zielvorstellung:
Die Kinder sollen erkennen, welche ordnenden Rhythmen Gott in seine Schöpfung gelegt hat, und sie spielend nachgestalten.

Biblischer Bezug:
„Du hast den Mond gemacht, das Jahr danach zu teilen und die Sonne weiß ihren Niedergang ...“ (Psalm 104,19ff)

Altersempfehlung:
ab 10 Jahre

Situation:
Die Kinder kennen die biblischen Schöpfungsgeschichten.

Materialien:
Keine außer dem folgenden Refrain:

Text und Melodie: © Wolfgang Longardt

legato

An Mond-und Son-nen - lauf ihr seht, wie

Got-tes Jahr im Kreis sich dreht! Be-staunt und lobt den

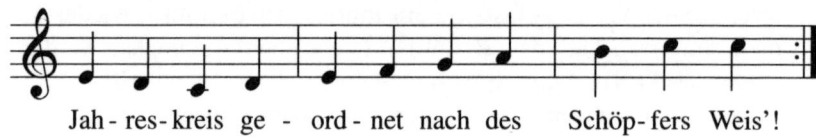

Jah-res-kreis ge - ord-net nach des Schöp-fers Weis'!

(Begleitung auf ständigem „C" als Orgelpunkt)

Möglicher Ablauf:

a) Zur Einstimmung erinnern wir uns daran, wie schon der Klang unseres Wortes Mond an die Nähe zu *Monat* erinnert.

b) Über zwölf Monate und vier Jahreszeiten könnten wir in einem pantomimischen Spiel den Kreislauf eines Jahres gestalten.

c) Vielleicht ist es besonders anschaulich, den Lauf der Jahreszeiten und Monate am sich wandelnden Äußeren von Bäumen darzustellen.

d) Als Vorübung erfinden die Kinder in Kleingruppen pantomimisch das Knospen von Bäumen, das Blätter- und Blüten-Tragen, das Frucht-Tragen und schließlich den Baum kahl in Wintersturm und Schneelast.

e) Nun könnte das in seiner Melodie unablässig bald auf- und dann wieder absteigende Kreis- oder Refrain-Lied eingeführt werden. Vielleicht erspüren die Kinder die Rundung des Jahreslaufes beim Singen mit langsamen Armbewegungen (je nach Melodie steigen oder fallen).

f) Auf diesem gesungenen, gestalt-gebenden Formgrund wechseln sich nun Sonne und Mond in ihren Rhythmen ab. Vielleicht spielen je zwei Kinder die Sonne und zwei den Mond in langsamen, schreitenden Bewegungen; hindurch durch die „sich wandelnden" Bäume.

Sind ausreichend Kinder in der Klasse oder Gruppe, so könnte für jeden Monat ein Baum „gespielt" werden, drei für jede Jahreszeit.

g) Vermutlich wird das Kreislied wie von selbst mehrfach wiederholend gesungen, so gleitet ein Jahr in das nächste über, während Sonne und

Mond das Jahr „teilen", Tage „ordnen" und einen zuverlässig fließenden Grundrhythmus zeigen.

h) In einer Pause des Erfindens und Gestaltens können aus dem Psalm weitere Aussagen über Licht und Finsternis gelesen werden, vielleicht endet das Jahresspiel auch in einem Lobvers wie dem Vers 24: „Herr, wie sind deine Werke so groß und viel, du hast sie alle weislich geordnet ...", den wir gemeinsam sprechen.

20 Wenn es drei Tage kein Wasser gäbe
(Reporterspiel)

Zielvorstellung:
Die Kinder sollen für die Schöpfungsgabe des Wassers neu sensibilisiert werden und Nicht-Selbstverständliches hinterfragen.

Biblischer Bezug:
„Du lässt Brunnen quellen ..." (Psalm 104,10)
„Du feuchtest die Berge von obenher ..." (Psalm 104,13)

Altersempfehlung:
ab 8 Jahre

Situation:
Die Kinder kennen die biblischen Schöpfungsgeschichten und haben schon über den Kreislauf des Wassers nachgedacht.

Materialien:
Entweder ein tragbares Batterie-Kassettengerät oder als Phantasie-Requisit ein „verkleideter Kochlöffel" mit dicker Schnur daran, der als Mikrophonersatz dient.

Möglicher Ablauf:
a) Wir führen ein Vorgespräch, wozu wir von morgens bis abends Wasser benötigen, aber auch welche Berufe unbedingt Wasser brauchen (z. B. die Feuerwehr etc.).
b) Was würde alles nicht klappen, wenn wir plötzlich drei Tage hindurch kein Wasser mehr bekämen? Um das Spiel zu strukturieren, bilden die Kinder selbst vorgeschlagene Gruppen:

- Leute, die in einer Restaurantküche arbeiten,
- Mütter, die kleine Babies versorgen wollen,
- Feuerwehrleute.

c) Nachdem die Kleingruppen sich im Gespräch etwas abgeklärt haben, wählen wir einen „Reporter" oder eine „Reporterin", die mit ihrem Mikrophon die einzelnen Gruppen befragen.

d) Ist eine Kassettenaufnahme dabei entstanden, hören wir sie ab und werten sie kritisch aus.

e) Die vorherigen Kleingruppen erfinden kleine Gebetssätze zum Thema des Schöpfungselementes „Wasser", schreiben sie auf und verlesen sie.

f) Den Abschluss bildet vielleicht das Singen des Liedes „Ohne Wasser können wir nicht leben" (Spielliedvorschlag siehe in Nr. 21).

21 Ohne Wasser können wir nicht leben
(Spiel- und Bewegungslied)

Zielvorstellung:
Dass Wasser nicht selbstverständlich ist, soll den Kindern klar werden, ebenso der Schöpfungsauftrag, auch dieses Element zu pflegen und zu achten.

Biblischer Bezug:
„Und Gott sprach: Es werde eine Feste zwischen den Wassern, und die sei ein Unterschied zwischen den Wassern ..." (1. Mose 1,6)
„Du lässest Brunnen quellen in den Gründen ..." (Psalm 104,10)

Altersempfehlung:
ab 6 Jahre

Situation:
Die Kinder haben einige elementare Beobachtungen im Umgang mit Wasser gemacht (Blumen gießen, Wassertropfenspiele etc.).

Materialien:
Keine außer dem nachstehenden Spiellied:

Text und Melodie: Wolfgang Longardt, aus: Vieles ist nicht selbstverständlich. Nr. 040,
© *ABAKUS Musik Barbara Fietz, 35753 Greifenstein*[29]

1. Oh - ne Was-ser kön-nen wir nicht le-ben, Frucht und Ern-te
kann es dann nicht ge-ben! Ja, Gott
schenkt uns Was-ser hier auf Er - den, da - rum
soll dies un - ser Dank-lied wer - den.

2. Brunnen fließen und die Quellen springen,
   Bäume wachsen, Felder Früchte bringen.
   Ja, Gott schenkt ...

3. Auf den Feldern wirken Tau und Regen
   und die Sonne unsern Erntesegen.
   Ja, Gott schenkt ...

4. Flüsse, Seen gilt es auch zu pflegen,
   reines, gutes Wasser ist ein Segen.
   Ja, Gott schenkt ...

Möglicher Ablauf:

a) Wir summen und spüren uns hinein in den Kehrvers. Dann benutzen
   wir den Kehrverstext: „Ja, Gott schenkt uns Wasser ...“ Vielleicht eignet sich eine Geste mit nach oben geöffneten Händen, die wir zum
   Himmel heben (langsam der Melodie folgend), während bei „Darum
   soll dies unser Danklied werden“ bei gefassten Händen ein Danke-
   reigen getanzt werden könnte.

b) Zu den Strophen („Tau fällt, Brunnen und Quellen springen") erfinden die Kinder leicht Bewegungen. Die Kehrversgestalt sollte aber immer gleich bleiben.

22 Was uns in unserem Ort gefällt oder nicht gefällt
(Wollbild-Rätselspiel)

Zielvorstellung:
Für einen Familien- oder Schulgottesdienst sollen die Kinder erkennen, dass wir eingeladen sind, alles, was uns bewegt, im Gebet vor Gott zu bringen: das Schöne und Weniger-Schöne. Am Beispiel des eigenen Wohnortes, für den wir Mitverantwortung tragen dürfen, soll dies geübt werden.

Biblischer Bezug:
„Suchet der Stadt Bestes ..." (Jeremia 29,7)
„Lasset eure Bitten im Gebet und Flehen vor Gott kund werden ..." (Philipper 4,6)

Altersempfehlung:
ab 8 Jahre

Situation:
Die Kinder kennen neutestamentliche Texte vom Beten, so das Gleichnis von der bittenden Witwe.

Materialien:
Möglichst einfarbige Teppichfliesen, bunte Wollfadenreste, flache Wassergefäße zum Anfeuchten der Fäden, Scheren.

Möglicher Ablauf:
a) In einem Einstimmungsgespräch erinnern wir uns an Jesu Ermutigungen zum Beten. Alles dürfen wir sagen: das, wofür wir danken wollen, was uns froh macht, aber auch das, was nicht gut ist, was anders werden soll (auch durch unsere Mithilfe?).
b) Für einen geplanten Gottesdienst, bei dem auch andere Kinder und Eltern mit dabei sein werden, könnten aus Wollfäden „Rätselbilder"

gestaltet werden: Was gefällt uns in unserem Ort, was gefällt uns nicht?

c) Zu jedem Bild erfinden wir dann einen kleinen Gebetstext: bald einen Danksatz, bald eine Bitte oder eine Klage.

d) Sollten die Ideen „versanden", machen wir alle einen Beobachtungsgang durch unseren Ort, dann kann es weitergehen ...

e) Da gut angefeuchtete Wollfadenbilder auf Fliesen bis zu einem Winkel von 45° problemlos hochgehalten werden können, üben wir dann das Herantragen, die Reihenfolge und das Hochhalten. Im Gottesdienst soll für die Mitfeiernden auch Zeit sein, das jeweilige „Rätselbild" zu betrachten, erst dann darf der Gebetstext folgen: Bitte, Klage, Dank.

23 Wir atmen ein, wir atmen aus ...

(Spiel- und Tanzlied)

Zielvorstellung:
Am Beispiel des Atmens und der uns umgebenden Luft sollen die Kinder für unsere Verantwortung der Schöpfung gegenüber sensibilisiert werden.

Biblischer Bezug:
„Und Gott, der Herr, machte den Menschen aus einem Erdenkloß, und er blies ihm den lebendigen Odem in seine Nase ..." (1. Mose 2,7)
„Und Gott, der Herr, nahm den Menschen und setzte ihn in den Garten Eden, dass er ihn baute und bewahrte ..." (1. Mose 2,15)

Altersempfehlung:
ab 5 Jahre

Situation:
Die Kinder kennen die biblischen Schöpfungserzählungen.

Materialien:
Keine außer dem nachfolgenden Lied:

Text und Melodie: Wolfgang Longardt
© Verlag Ernst Kaufmann-Verlag, Lahr

Refrain: F

Wir at - men ein, wir at - men

C G C

aus, das tut der Mensch, der Hund, die Maus.

Strophen: Dm Am

1. Die Luft in uns - rer gro- ßen Stadt mit Dunst und

G C *(folgt Refrain)*

Qualm macht vie - le matt.

(Refrain)

2. Doch wenn wir fahr'n in's Land hinein,
   in Feld und Wald die Luft ist rein ...

(Refrain)

3. Dort macht das Atmen doppelt Spaß,
   wir freuen uns an Duft und Gras ...

(Refrain)

4. Das Auto stinkt, der Schornstein raucht,
   knapp wird die Luft, die jeder braucht ...

(Refrain)

5. Herr, gib uns Menschen mehr Verstand,
   dass rein bleibt Wasser, Luft und Land ...

(Refrain)

Möglicher Ablauf:

a) Zur Einstimmung unterhalten wir uns über die Notwendigkeit des Atmens; wer nicht mehr atmet, ist tot.

b) Die Kinder tragen Beobachtungen zusammen, wie anders ein Kranker mit hohem Fieber atmet und von der Atemnot älterer Menschen in ihrer Umgebung.

c) Nun führen wir zeilenweise den Refrain des Spielliedes ein und lassen die Kinder dazu einfache Bewegungen erfinden (im Tempo darf das Lied nie zu schnell gesungen werden, damit auch wirklich in Ruhe und tief ein- und ausgeatmet werden kann!).

d) Für die Strophen 1 – 4 haben die Kinder gewiss allerlei Einfälle zum pantomimischen Spiel: Husten und Atemnot lassen sich ebenso darstellen wie eine Fahrt in den Wald – vielleicht mit einem (unsichtbaren) Fahrrad? Auch ein stinkendes Auto und ein rauchender Schornstein regen die Spielphantasie an.

Immer gleich bleibt der Atem-Refrain. Vielleicht stehen alle in einem großen Kreis und einzelne Kinder spielen dann, jeweils in die Kreismitte tretend, die Strophenpantomime, zu der die Kreiskinder singen. (Bei Kindern unter 7 Jahren empfiehlt sich generell diese Aktionsaufteilung, viele Vorschulkinder haben Schwierigkeiten gleichzeitig zu singen *und* zu agieren.)

Ergänzender Werkstatt-Bericht:

In einem kleinen westfälischen Kindertagesheim war das Thema „Gott schenkt Atem – Gott schenkt Luft" längere Zeit Projekt aller Gruppen.

Neben ähnlichen Spiel- und Tanzformen wie sie oben geschildert wurden, entstanden auf alten Tapetenrollen großflächige Collagen zu jeder Liedstrophe.

In einem abschließenden Familiengottesdienst aller Gruppenprojekte zum Thema *Luft* wurde vor der Spiel- und Tanzdarstellung des Liedes „Wir atmen ein – wir atmen aus" ein großer, langer Collagenfries von zwei Besenstielen entrollt. Nachdem jedes Teilbild von einem Kind erklärt war, sprachen alle Gottesdienstteilnehmer jeweils den Liedvers 5 (vom Gottesdienstzettel) als Gebet von Groß und Klein:

„Herr, gib uns Menschen
mehr Verstand,
dass rein bleibt
Wasser, Luft und Land.
Amen."

24 Leise Spiele mit unserem Atem

(Phantasie- und Meditationsübungen)

Zielvorstellung:
Neben der Atem-Sensibilisierung sollen die Kinder Freude gewinnen am
Wahrnehmen leisen, phantasievollen Geschehens.

Biblischer Bezug:
„Und Gott, der Herr, machte den Menschen aus einem Erdenkloß, und er
blies ihm den lebendigen Odem ein ..." (1. Mose 2,7)

Altersempfehlung:
ab 5 Jahre

Situation:
Die Kinder kennen die biblischen Schöpfungserzählungen.

Materialien:
keine

Möglicher Ablauf:
a) Wir legen uns auf den Boden und versuchen mit einer auf dem Bauch
   gelegten Hand unsere Atmungsvorgänge besonders deutlich wahrzunehmen.
b) In einem Spiel gelenkter Phantasie stellen wir uns das Rund-Werden
   unseres Körpers vor, unsere Hände liegen dabei locker neben uns:
   „Ich träume von den Wolken, ich möchte mit ihnen schweben, ich möchte
   leicht werden und fliegen ... Ich bin aus Gummi wie ein Luftballon,
   jetzt blase ich mich selber auf, mit jedem Atem werde ich runder, ich
   blase in mich hinein, ich wachse, ich wachse, ich werde breiter, breiter
   und größer. Jetzt, jetzt beginne ich zu schweben, ich steige auf, ich
   steige höher und höher, ich fliege, ich bin ganz leicht. Neben mir fliegt
   ein Vogel, da fliegt mir eine kleine Wolke voraus. Blau ist der Himmel,
   es ist schön, als großer Luftballon zu schweben, zu fliegen ...
   Doch jetzt verliere ich Luft, irgendwo zischt es leise, ich sinke tiefer
   und tiefer, ich werde kleiner, ich schwebe nach unten, noch kleiner
   werde ich, es zischt und zischt an mir, sanft lande ich am Boden, schön
   war es, ein Luftballon zu sein."
c) Nun setzen wir uns wieder auf, am besten in einen Kreis. Jetzt erproben
   wir unseren Hauch. Wir halten eine Hand nahe an den Mund und hau-

chen immer wieder leicht dagegen, während wir die Hand weiter vom Mund entfernen, den Arm strecken. Noch ist der Atem zu spüren, wie er schwach unsere Haut an der Hand erreicht. Jetzt wiederholen wir das gleiche Spiel, aber mit kühlendem Pusten: „Guter Gott, wir spüren unseren Atem, Atem von dir. Atem ist Leben, zartes Leben. Atem ist leise, Atem und kühlendes Pusten können ganz zart sein. Sanft pusten wir kühlend über eine Wunde. Danke, guter Gott, es ist schön, dass wir atmen ..."

25 In einem Baum wohnen viele Tiere
(Pantomimisches Spiel)

Zielvorstellung:
Exemplarisch sollen Kinder am Beispiel der in einem Baum wohnenden Tiere zum Staunen über Gottes Schöpfung kommen und motiviert werden, alles, was darin lebt, zu achten und zu schützen.

Biblischer Bezug:
„Die Vögel des Himmels singen unter den Zweigen ..." (Psalm 104,12b)
„... und die Bäume des Herrn stehen voll Saft ..." (Psalm 104,16)

Altersempfehlung:
ab 6 Jahre

Situation:
Auf Spaziergängen sind die Kinder für die Schönheit der Bäume sensibilisiert worden und dafür, dass jeder Baum Lebensraum für große und kleine Tiere bedeutet.

Materialien:
Keine außer dem nachstehenden Gedicht:
   In einem Baum, du glaubst es kaum,
   da wohnen viele Tiere:
      Kleine Schnecken, große Schnecken,
      Vögel, die uns morgens wecken,
      alle wohnen hier, alle wohnen hier.
   In einem Baum, du glaubst es kaum,
   da wohnen viele Tiere:

Kleine Spinnen, große Spinnen,
Käfer in der Rinde drinnen,
alle wohnen hier, alle wohnen hier.
In einem Baum, du glaubst es kaum,
da wohnen viele Tiere:
Eichhörnchen und kleine Maus
haben hier ihr großes Haus,
alle wohnen hier, alle wohnen hier.
In einem Baum, du glaubst es kaum,
da wohnen viele Tiere:
Gott, der schuf so manch' Getier
seiner Welt zur großen Zier,
alle wohnen hier, alle wohnen hier.   (Wolfgang Longardt)

Möglicher Ablauf:
a) Die Kinder tauschen sich über ihre Spaziergang-Beobachtungen aus.
b) Das Gedicht wird eingeführt, die gleich bleibenden Wiederholelemente
   können rasch alle mitsprechen.
c) Einige Kinder wollen den Baum im Wind pantomimisch darstellen,
   andere wählen sich die genannten Tiere aus, sie üben typische Bewegungsformen; schließlich wird alles zur Abfolge der Strophen zusammengesetzt.

26 Vom Bäume-Pflanzen für andere nach uns
(Textpuzzle-Spiel)

Zielvorstellung:
Die Kinder sollen neben der Sensibilisierung für das Geschenk der Bäume
erkennen, dass wir von den Bäumen Gutes haben, die andere vor uns gepflanzt und gepflegt haben; sie sollen ermutigt werden, in Verantwortung
für kommende Generationen auch so mit Gottes Schöpfung umzugehen.

Biblischer Bezug:
„Und Gott, der Herr, nahm den Menschen und setzte ihn in den Garten
Eden, dass er ihn bebaue und bewahre." (1. Mose 2,15)

Altersempfehlung:
ab 10 Jahre

Situation:
Die Kinder haben die biblischen Schöpfungstexte kennen gelernt.

Materialien:
Die nachfolgende freie Nacherzählung einer Tolstoi-Geschichte, als Text-puzzle auseinandergeschnitten (je nach Gruppen- oder Klassengröße in entsprechender Kopierzahl).

Textpuzzle für eine Hoffnungsgeschichte (frei nach Leo Tolstoi):

Früher sahen die Kinder den alten Mann täglich, wenn er hierher zum Rand der Stadt kam, um in seinem Garten zu arbeiten. Aber

nun kam er immer seltener. Das Laufen und Bücken fiel ihm schwer, seine Hände wurden steif und steifer. – Aber heute war er wieder

gekommen und trug einen kleinen Sack in der Hand. Die Kinder sahen, wie er sich mühte, ein Loch zu graben und dabei viele Pausen

machen musste. Nun ging er zum Sack, um das Mitgebrachte he-rauszunehmen. „Was machst du da?", fragten die Kinder über den

Zaun. „Ich pflanze ein Apfelbäumchen", sagte der alte Mann und hob einen kleinen Setzling in die Höhe. – „Das soll mal ein Baum wer-

den? Wie lange dauert denn das?", wunderten sich die Kinder. „Das wird Jahre dauern, hoffentlich wächst er an", meinte der alte Mann.

„Aber du machst dir jetzt soviel Mühe und hast vielleicht später gar nichts mehr davon, vielleicht bist du dann schon längst tot", sagte

eines der Kinder." „Das macht nichts", antwortete der alte Mann, „andere mögen sich dann freuen, dass ich den Baum noch gesetzt

habe." Und dann fügte er noch hinzu: „Seht, wir leben von den Bäumen, die andere vor uns auch so auf Hoffnung gepflanzt haben."

Möglicher Ablauf:
a) Im Gespräch nennen die Kinder jeweils ihre Lieblingsbäume und er-zählen, warum sie diese oder jene Baumart besonders mögen.

b) Wir erinnern uns an die Aussagen der Schöpfungsgeschichte vom Be-
bauen und Bewahren der Schöpfung Gottes.
c) In Kleingruppen puzzeln wir die kleine Hoffnungsgeschichte zusammen und lesen uns dann den Text als Ganzes vor.

d) Wir tauschen uns aus, was mit der Formulierung „...auf Hoffnung"
gemeint sein kann.
e) Die Kinder erzählen von Bäumen ihrer Umgebung, die schon sehr alt
sind. (Manche haben sich selbst ausgesät, andere wurden bewusst „gesetzt".) Dann tauschen wir uns darüber aus, was wir zur verantwortli-
chen Pflege eines Baumes tun können (die Beiträge der Kinder werden
vom Wässern eines Straßenbaumes in Hitzeperioden bis zum Grund-
wasserschutz u.Ä. reichen).
f) In Kleingruppen erfinden die Kinder zum Schluss kleine Dank- und
Bittgebete zum Thema der „anvertrauten Bäume".

27 Menschen sind den Bäumen ähnlich

(Vergleichendes Schreibspiel)

Zielvorstellung:
Die Kinder sollen Ähnlichkeiten und Gegensätze im Mensch-Baum-Vergleich erkennen.

Biblischer Bezug:
„An ihren Früchten sollt ihr sie erkennen." (Matthäus 7,16-20)

Altersempfehlung:
ab 9 Jahre

Situation:
Die Kinder haben mit Hilfe ihrer Eltern Redensarten und Sprichwörter von „Bäumen und Menschen" zusammengetragen wie „Einen alten Baum verpflanzt man nicht" oder „Der Apfel fällt nicht weit vom Stamm" u.ä.

Materialien:
Die Vorbereitungsnotizen der Kinder sowie dicke farbige Filzschreiber und alte Tapetenrollen, auf deren Rückseiten wir unsere Vergleichsergebnisse zusammenstellen.

Möglicher Ablauf:
a) Die Kinder nennen allerlei Redensarten und Sprichwörter zum Thema. Wir deuten sie gemeinsam.
b) Einzelne Aspekte wie der Wurzelvergleich (Worin „wurzelt" ein Mensch?) und der Fruchtvergleich (Inwiefern bringt ein Menschenleben „Frucht" – auch ohne eigene Nachkommen?) werden erörtert.
c) Wir bereiten drei Tapetenbahnen für drei Vergleichsrubriken vor:
   Baum und Mensch ...
   – Was ist gleich?
   – Was ist ähnlich?
   – Was ist ganz anders?
d) Die Ergebnisse werden verlesen und im Zweifelsfalle hinterfragt.
e) Zum Aspekt der „Frucht" eines Menschen führen wir Jesu Gedanken von Matthäus 7 ein.
f) Wir lesen aus dem Lied „Geh aus mein Herz und suche Freud ..." Paul Gerhardts Strophe 14 als ein Gebet:

„Mach mir in deinem Geiste Raum,
dass ich dir werd ein guter Baum,
und lass mich Wurzel treiben.
Verleihe, dass zu deinem Ruhm
ich deines Gartens schöne Blum
und Pflanze möge bleiben."

28 Der Baum vor meinem Haus
(Reißbildspiel)

Zielvorstellung:
Die Kinder sollen für ein intensives Wahrnehmen der Bäume als Teil der
anvertrauten Schöpfung sensibilisiert werden.

Biblischer Bezug:
„Es lasse die Erde aufgehen ... fruchtbare Bäume, da ein jeglicher nach
seiner Art Frucht trage und habe seinen eigenen Samen bei sich selbst auf
Erden." (1 Mose 1,11)
„Ein jeglicher guter Baum bringt gute Früchte ..." (Matthäus 7,17)

Altersempfehlung:
ab 9 Jahre

Situation:
Die Kinder haben neben Wahrnehmungsübungen zu Bäumen auch Menschen mit Bäumen verglichen.

Materialien:
Papierreste zur Reißbildgestaltung (auch einseitig bedrucktes Papier,
Büroausschuss, Computerpapier etc.)

Möglicher Ablauf:
a) Wir erinnern uns an intensive Baumbeobachtungen sowie an den Vergleich Mensch und Baum.
b) In einem Imaginationsspiel erinnert sich jedes Kind an einen Baum,
   den es täglich sieht:
   den Baum vor dem Haus,
   den Straßenbaum an der Bus-Haltestelle etc.

c) Dieser vertraute Baum soll nun in einem Reißbild dargestellt werden, möglichst auch in seinem – dem Auge verborgenen – Wurzelwerk.

d) Als Möglichkeit der Zwiesprache mit diesem Baum könnte zum fertigen, gerissenen Bild ein kleiner Brief an diesen Baum entstehen.

e) Die Klasse oder Gruppe zeigt sich die vertrauten Bäume und liest einige der Briefe dazu vor.

Ergänzender Werkstatt-Bericht:
Die 10. Klasse einer Kieler Realschule hat in den letzten Wochen intensiv das Vergleichs-Thema „Mensch – Baum" erarbeitet und auch biblische Texte zu diesem Vergleich erörtert, wie das Gleichnis vom „unfruchtbaren Feigenbaum" und Psalm 1,3: „Ein Mensch, der Gott vertraut, ist wie ein Baum gepflanzt an den Wasserbächen ..."
Nun wird das oben geschilderte Reißbild-Vorhaben durchgeführt und die gerissenen Darstellungen aufgeklebt. Am Ende entsteht zu jedem Bild ein Brief an diesen Baum. Zwei dieser Briefe seien hier wiedergegeben, weil sie auch in einer kleinen Ausstellung mit Abschlussarbeiten dieser Klasse der Öffentlichkeit zugänglich gemacht wurden:

An den Kastanienbaum vor unserem Haus!
Lieber Baum, mein stummer Kamerad,
ich sehe dich jeden Tag, manchmal hellwach, manchmal mit müden Augen. Es gibt Tage, da freu ich mich an deiner Form, deiner mächtigen Gestalt.
Kleiner Ärger kann verfliegen, wenn ich dich ansehe. Ruhe geht von dir aus, das mag ich wirklich.
Allerlei Jahre hast du hinter dir, noch immer bringst du so kräftige Blüten hervor und dann viele Kastanien, viele Kinder in der Straße kommen dann zu dir.
Manchmal denke ich, irgendetwas Gutes möchte ich auch in meinem Leben hervorbringen. Mein Leben wünsche ich mir nicht so wie ein Hintrotten, ich will etwas machen, was andere freut.
Ich habe mir Mühe gegeben, lieber Baum, deine Gestalt aus Papier zu reißen; auch die unsichtbare Seite, die Wurzeln tief in der Erde. Von da holst du Kraft.
Im Sturm stehst du fest, weil du tiefe Wurzeln hast. Vielleicht kann eine gute Familie für uns Menschen wie eine tolle, starke Wurzel sein oder wie ein ganzes Wurzelwerk. Ich weiß nicht, ob Religion für mich so wie eine Wurzel sein kann. Ich bin nicht so fromm, manchmal sprech ich ein Stoßgebet. Aber wenn der Schöpfer dich so gemacht hat, dann denke ich, Gott kann für alles, was lebt, Kraft geben, oder?

Na, jedenfalls freu ich mich, dass du einfach still dastehst; ob du schon gemerkt hast, dass ich manchmal mit dir spreche? Egal, ich mach's einfach, das tut mir gut.

Marion

Hallo, Kumpel, du Apfelbaum,
als ich klein war, bin ich schon auf dir rumgeklettert. Mit meinem Messer hab ich damals auch an dir rumgeschnitzt; ich hoffe, die Wunden sind vernarbt oder zugewachsen.

Ich finde dich gut, hier in der Stadt braucht man etwas, was dann vom Frühling erzählt, deine Blüten machen das ohne Worte.

Dein Stamm hat Runzeln wie alte Haut; schade, dass du nicht echt reden kannst. Die Abgase von der Straße kommen ganz bestimmt in Mengen zu dir in den Vorgarten, sorry, mein Kumpel.

Ich will was machen für bessere Luft in der Stadt, auch die Stinkdiesel brauchen Katalysatoren. Übrigens verspreche ich dir, nie eine „Autofahrer-Partei" zu wählen. In der Stadt kann man tausend Sachen mit dem Rad erledigen.

Ein Wunder, dass du noch blühst und ein paar Äpfel trägst. Wer mag dich irgendwann mal gesetzt haben, der könnte einen Orden kriegen oder soll ich sagen: GOTT-SEI-DANK, dass dich jemand gesetzt hat? Mach's gut, stiller Kumpel.

Helmut

29 Schnee und leise Verwandlungen
(Lied und Wollfadenspiel)

Zielvorstellung:
Das Spiellied will zu intensiverem Wahrnehmen anleiten; das vertiefende Wollfadenspiel setzt die Textimpulse einfühlsam um, damit Verwandlung nachempfunden werden kann.

Biblischer Bezug:
„Er gibt Schnee wie Wolle ..." (Psalm 147,16)
„Denn gleichwie der Regen und Schnee vom Himmel fällt ..." (Jesaja 55,11)

Altersempfehlung:
ab 6 Jahre

Situation:
Die Kinder sind bereits ein wenig sensibilisiert, Leises und Sich-Wandelndes in Gottes Schöpfung wahrzunehmen.

Materialien:
Das nachstehende Spiellied „Der Schnee, der fällt ...", sowie möglichst einfarbige Teppichfliesen und Wollfadenreste (darunter weiße Fäden), ferner flache Wassergefäße zum Anfeuchten der Wollfäden.

Text und Melodie: © Wolfgang Longardt

Der Schnee, der fällt auf uns - re Welt, ver - wan-delt sie im

Nu, zart und weich, ü - ber-all zu-gleich.

1. Flo - cken fal - len, de-cken zu, vie - les hat da -

run ter Ruh, zart und weich, u - ber-all zu-gleich.

(folgt Refrain)

2. Baum und Weg
   sind schon verschneit,
   zugedeckt mit weißem Kleid,
   zart und weich, überall zugleich ...

   (folgt Refrain)

Möglicher Ablauf:

a) Zeile für Zeile wird das Lied eingeführt, wobei die Kinder – angeregt durch die Melodieführung – passende Bewegungen erfinden (Herunterfallen der Flocken, sanftes Bedecken von Dächern, Bäumen etc.).

b) Im Gespräch tragen die Kinder zusammen, welche Bildeinfälle sie zum Text haben.

c) In Kleingruppen, oder jeweils zu zweit vor einer Fliese, beginnen die Kinder mit der Wollfadengestaltung. Vielleicht wollen sie zuerst die Landschaft noch ohne Schnee darstellen. Viele Formen an Dächern und Mauern, Treppen, aber auch Sträuchern und Tannen sind noch scharf und kantig.

d) Nun werden nach und nach vorher gut angefeuchtete Fäden sanft auf die Bildvorlage gelegt. Leise und schön verwandelt sich alles.

e) Schließlich legen wir alle fertigen Schneelandschaftsbilder auf dem Boden in einen Kreis, um das Ganze singend zu umschreiten. Möglicherweise werden dabei von einigen Kindern kurz geschnittene, weiße Fadenreste zusätzlich auf die Fliesen fallen gelassen ...

f) Nun könnte ein Imaginationsspiel folgen, bei dem die Kinder mit geschlossenen Augen vor ihren inneren Augen selbst erlebte Szenen von Schneetagen und Schneelandschaften sehen und sich dann darüber austauschen.

g) Das obige Lied kann dann – bald gesummt und bald mit Text gesungen – das Ganze runden und abschließen.

30 Die Schöpfung redet, die Schöpfung singt
(Pantomimenspiel)

Zielvorstellung:
Sensibilisiert durch die Assisi-Legende sollen die Kinder zu empfindsamer und wacher Beobachtung der Schöpfung angeleitet werden. Auf den Spuren des Heiligen Franz sollen sie in pantomimischem Nachspielen der Szenen sich meditativ in die Gott lobende Schöpfung hineinspüren.

Biblischer Bezug:
„Lobet den Herrn auf Erden, ihr Walfische und alle Tiefen, Feuer, Hagel, Schnee und Dampf, Sturmwinde, die sein Wort ausrichten, Berge und alle Hügel, fruchtbare Bäume und alle Zedern ..." (Psalm 148,7-13)

Situation:
Die Kinder kennen die Schöpfungsgeschichten der Bibel oder Psalm 104.

Materialien:
Keine außer der nachstehenden Legende:

Franziskus fing an, Gott in allen Dingen zu erleben.
Eines Tages ging er singend seinen Weg, und er lud alle zum Singen ein. Er kam an einem Mandelbaum vorbei und sprach zu ihm: „Bruder Mandelbaum, erzähle mir von Gott!" Der Mandelbaum schüttelte sich, als ob ein leichter Wind durch ihn fahre. Er stand plötzlich in Blüte, als ob es schon Frühling sei.
Franz ging weiter und kam zu einem Bach. „Schwester Wasser, erzähle mir von Gott!", sagte er. Das Wasser begann zu sprudeln, als wolle es sprechen. Dann aber beruhigte es sich, bis es ein klarer Spiegel war. Franziskus schaute in die Tiefe, und er sah darin das Gesicht seiner geliebten Klara.
Schließlich traf er auf einen Mann, der von einer Reise zu kommen schien. Er sagte zu ihm: „Lieber Bruder, erzähle mir von Gott." Der Mann antwortete nichts, nahm Franz bei der Hand und führte ihn in eine Stadt, wo die Armen wohnen.
Sie gingen über einen Platz, wo die Leute Wasser holten, die Frauen die Wäsche wuschen, die Alten sich unterhielten und die Ärmsten um Almosen bettelten.
Der Mann öffnete seinen Beutel und verteilte Brot unter alle. In dem Maß, in dem die Menschen das Brot, das sie selber erhalten hatten, unter sich verteilten, vermehrte sich das Brot im Beutel, und alle wurden satt. Der Mann schaute zum Himmel und sagte: „Unser Vater". Dann schaute er die Menschen an und sagte: „Unser Brot."

Möglicher Ablauf:
a) Vielleicht ist es gut, die Legende zweimal hintereinander vorzulesen, beim zweiten Mal möglichst bei geschlossenen Augen der Kinder.
b) Nun können die Kinder sagen, welche Einzelbilder ihnen besonders eindrücklich waren.
c) Der gewiss vielschichtige Eindruck kann nun über das stille, pantomimische Spiel seinen Ausdruck finden. Die Kinder tragen zusammen, welche „Rollen" unbedingt vorkommen müssen: Franz, der Mandelbaum, der Bach, der Mann und Arme auf dem Platz in der Stadt.

d) In Kleingruppen könnten Einzelszenen erprobt werden, wobei die phantasievolle Darstellung des Bachs mit seinem fließenden Wasser besonders reizvoll ist, vermutlich stellen mehrere Kinder den fließenden Bach dar, auch ein Mandelbaum, der aufblüht, benötigt mehrere pantomimische Mitspieler (Arme als Äste, Hände, die sich öffnen wie Blüten).

e) Auch wäre zu klären, ob der Ablauf dadurch gut strukturiert werden könnte, dass ein Erzähler langsam die Legende liest.

f) Alle Einzelszenen werden nun in ruhiger Folge zusammengesetzt. Das Spiel verträgt weder Eile noch laute Aktion. Auch der Erzähler sollte wohl viele Pausen machen ...

g) Es wäre schön, wenn die meditative Spielübung im Freien, etwa auf dem Hof des Gemeindehauses oder der Schule, vor einem Baum ausklingen könnte. Ob die Kinder in seinen Blättern Bewegung entdecken, das leise Spiel des Windes?

31 Vom leisen Klang der Schöpfung
(Lied und Collagenspiel)

Zielvorstellung:
Die Kinder sollen Freude finden am Wahrnehmen schöner, leiser Dinge, am Zusammenklang der Schöpfung Gottes.

Biblischer Bezug:
„Du machst Winde zu deinen Engeln ..." (Psalm 104,4a)
„Und nach dem Feuer kam ein stilles, sanftes Sausen ..." (1. Könige 19,12b)

Altersempfehlung:
ab 9 Jahre

Situation:
Über akustische KIM-Spiele haben die Kinder schon Freude am Unterscheiden leiser Geräusche gefunden (Fallen eines Pfennigs, eines Fünf-Mark-Stückes, eines Würfels u.Ä.).

Materialien:
Das nachstehende meditative Lied und alte Tapetenrollen, auf deren Rückseite geklebt und gemalt werden kann. Papierreste, Klebstoff, Zeichenpapier, Wachsmalstifte o.Ä.

1. Gott, dei - ne Welt kann sin - gen in klein' und gro- ßen Din - gen: in Was- ser und in Wind___ den Schöp- fungs- klang ich find.___

2. Gott, deine Welt kann singen in klein' und großen Dingen:
   im weiten Welten-All, im kleinsten Schneekristall.

3. Gott, deine Welt kann singen in klein' und großen Dingen:
   im Federkleid des Pfau, im zarten Gräser-Tau.

4. Gott, deine Welt kann singen in klein' und großen Dingen:
   beständig und ganz leis dreht sich das Jahr im Kreis.

Möglicher Ablauf:

a) Zur Einstimmung wäre es hilfreich, für einige Minuten ins Freie zu gehen, ob neben den Verkehrsgeräuschen nicht doch auch leise Klänge der Natur wahrgenommen werden können: Wind, Vogelstimmen u.Ä.? (An einem Regentag lohnt sich das minutenlange Lauschen auf die „Melodie des Regens", sein Rauschen, sein Nachlassen in einzelnen Tropfen etc.)

b) In Kleingruppen sammeln wir Einfälle für schöne, leise Dinge in Gottes Schöpfung. Wir tragen alles zusammen, was uns staunen lässt, was aber leise ist, keinen Lärm macht.

c) Die schönen, leisen Dinge der Schöpfung von Regen und Quelle, von sanftem Wind und dem Flügelschlag eines Schmetterlings (für ein empfindliches Mikrophon keinesfalls geräuschlos, nur für uns sanft und leise!) etc.

d) Auf einer oder mehreren Tapetenbahnen gestalten wir für unser leises Schöpfungslied viele schöne, leise Dinge, die es lohnt wahrzunehmen, damit sie im Lärm der Menschen und Maschinen nicht untergehen. Das obige Lied gibt dazu inhaltliche Impulse vom Pfauenrad bis zum Schnee etc.

e) Wird in mehreren Gruppen gearbeitet, so ist es wahrscheinlich, dass die Kinder zu unterschiedlichen Zeiten ihre Collage von den leisen, schönen Dingen in Gottes Schöpfung fertig haben. Ob die ersten Gruppen mit fertigen Collagen dann Lust haben, in kleinen Sätzen ein Dankgebet für die leisen Schönheiten zu schreiben?

f) Ist unsere Collage fertig, so beginnen wir damit „zu spielen", indem wir sie zunächst verhüllen (zudecken) und singend mehr und mehr enthüllen, nach jedem Dankgebetssatz ein wenig mehr, bis das Ganze sichtbar ist.

III. Erfahrungskreis 3:
Gestalten der Bibel entdecken
(Spiele rund um Noah, Mose, Jona, Jesus und andere ...)

32 Auf Noahs Bauplatz
(Stegreif-Hörspiel)

Zielvorstellung:
Das Phantasiespiel von Noahs Bauplatz soll den Kindern helfen, einen
Eindruck vom Wagnis des Noah zu gewinnen, mitten auf dem Festland
unter dem Spott der Nachbarn ein großes Schiff zu bauen. Durch das akustische Nachgestalten können innere Bilder geweckt werden, haftendes,
biblisches Lernen wird möglich.

Biblischer Bezug:
„Da aber der Herr sah, dass der Menschen Bosheit groß war auf Erden ..."
(1. Mose 6,5 [1. Mose 6-8])

Altersempfehlung:
ab 6 Jahre

Situation:
Die Sintflut- und Noah-Geschichte ist den Kindern Zug um Zug erzählt worden, wobei ein besonderer Akzent auf Noahs Glaubensgehorsam gelegen hat.

Materialien:
Kassettenrekorder mit eingebautem Mikrophon (möglichst batteriebetrie-
ben zum leichteren Herumreichen des Gerätes), Orff-Instrumente, übliche
Schreibwerkzeuge, Kämme.

Möglicher Ablauf:
a) Die Klasse oder Kindergruppe kann sich mit etwas Einfühlungsphantasie
   leicht vorstellen, wie viel Aktivität und Handwerkslärm auf Noahs Ar-

chenbauplatz geherrscht haben müssen, aber auch das Staunen und Spotten der Nachbarn ist vorstellbar. Aber Noah lässt sich nicht beirren.

b) Wie immer vor Stegreifrollenspielen so auch bei diesem Hörspielversuch werden die Rollen verteilt: Noah und seine Familie, Noahs Knechte und Mägde, die spottenden Nachbarn, aber auch Tiere, die im Hintergrund zu hören sind. (Kurz gesagt: Viele Kinder können aktiv beteiligt werden.)

c) Da die Baugeräusche sehr wichtig sind, empfiehlt es sich, vorweg mit den Kindern einige Klangexperimente zu machen.
Es gilt zu erproben, wie überraschend ein Kamm klingt, der in Mikrophonnähe sacht über eine Tischkante gezogen wird: täuschend ähnlich einer Handsäge. Echte Hämmer und Beile wären zum einen viel zu laut, zum andern im Geräuschergebnis nicht variantenreich genug. Das Klopfen mit dem Knöchel auf Tischplatten oder das Klopfen mit Schreibwerkzeugen wie Kugelschreibern etc. ergibt sowohl beim Klopfen auf Holz als auch gegeneinander echte Arbeitsgeräusche. Niemals aber dürfen sie die Stegreifdialoge zwischen Noah und seiner Familie oder den Knechten klanglich überdecken. (Sprachaufnahmen bitte immer sehr nah am Gerät!)

d) Vielleicht wählen wir noch eine Erzählerin oder einen Erzähler, der vor jeder Teilszene die Situation schildert. Dann beginnen die ersten Stegreifversuche, das Abhören, Verbessern, Neugestalten.

33 In Noahs dunkler Arche
(Stegreif-Hörspiel)

Zielvorstellung:
Weil Archendarstellungen fast immer die Außenansicht bevorzugen, sollen die Kinder sich in ihrer Einfühlungsphantasie einlassen auf die Glaubenssituation des Noah, seiner Familie, seiner Knechte im Dunkeln der Arche.

Biblischer Bezug:
„Da kam die Sintflut 40 Tage auf Erden, und die Wasser wuchsen und hoben den Kasten auf und trugen ihn ...“ (1. Mose 7,17)

Altersempfehlung:
ab 8 Jahre

Situation:
Die Noah-Geschichte ist den Kindern schon erzählt worden.

Materialien:
Ein Kassettenrekorder mit eingebautem Mikrophon, Orff-Instrumente falls vorhanden.

Möglicher Ablauf:
a) Mit geschlossenen Augen imaginieren die Kinder die Situation in der dunklen Arche, die vom Wasser auf- und abgeworfen und vom Sturm geschüttelt wird. Unablässig prasselt Regen auf das Archendach ...
b) Danach – wieder mit offenen Augen – tauschen sie ihre inneren Bilder aus: Was mag in der Arche vor sich gehen?
Unruhige Tiere, ängstliche Menschen? Wird da gezweifelt *und* gebetet? etc.
c) Für unser Stegreifhörspiel verteilen wir Rollen. Wer möchte den Noah spielen, wer seine Frau, wer einen Knecht? etc.
Wer übernimmt Hintergrundgeräusche (Tiere, Sturm, Blitz und Donner)?
d) Vielleicht kann ein Erwachsener (Lehrer/in, Gruppenleiter/in) in die Rolle eines/einer Erzählers/Erzählerin schlüpfen. Und gleichsam bald ein Gespräch zwischen Noah und seiner Frau „mitanhören", bald eines der Knechte?
Die Zuversicht wird gewiss nicht immer ungetrübt sein, da kommen Angst und Zweifel auf, da werden Stoßgebete gesprochen ...
e) Welch eine Wendung der Stimmung in der Arche, wenn der Regen hörbar nachlässt und die Arche nur noch ruhig dahinschwimmt!
f) Schließlich werden die Kinder neugierig sein, die Aufnahme zu hören ...

34 Noah darf die Arche verlassen
(Reißbildspiel)

Zielvorstellung:
Die Kinder sollen im vertiefenden Spiel die befreiende Situation des Noah, seiner Familie, Knechte und Tiere mitspüren.

Biblischer Bezug:
„Also ging Noah heraus mit seinen Söhnen, seiner Frau und den Frauen seiner Söhne, dazu allem Getier ...“ (1. Mose 8,18)

Altersempfehlung:
ab 8 Jahre

Situation:
Die Kinder haben die gesamte Noah-Geschichte gehört.

Materialien:
Overheadprojektor (Tageslichtschreiber), weißes Papier zum Figurenreißen, buntes Cellophan für den Regenbogen.

Möglicher Ablauf:
a) Die Kinder erinnern sich an das Befreiende der Archen-Erfahrung: den Auszug, das Altar-Bauen und den Regenbogen.
b) In mehreren Reißbild-Szenen kann dieser Szenenablauf gestaltet werden. Ausgehend von der Projektionsfläche und ihrer Größe verabreden die Kinder viele kleine Teilaufgaben (Reißen des Noah, seiner Familie, der Tiere, der [nun kleinen] Arche im Hintergrund, der Steine des Dankaltares, Feuerzungen und Regenbogenstreifen aus buntem Cellophan etc.). Notfalls kann die Gestaltung der Farbelemente auch auf einer Overheadfolie erfolgen, die mit bunten Spezialstiften entsprechend bemalt über oder unter die Figurenszene gelegt wird.
c) Wenn nach und nach alle Figuren fertig sind, verabreden wir vielleicht wegen der begrenzten Spiel- und Projektionsfläche mehrere Szenenbilder. Zwischen ihnen könnten wir langsam ein Papier vor die Projektionslinse schieben (allmähliches Abdunkeln) und erst wieder wegziehen, wenn die neuen Figuren aufgelegt sind.
Vielleicht wollen die Kinder auch kleine Zwischenmusiken auf eigenen Instrumenten erfinden oder ein bekanntes Noah-Lied als „Pausenzeichen“ summen ...

35 Mose vor dem brennenden Dornbusch

(Wollfadenbilder)

Zielvorstellung:
Nach der biblischen Erzählung sollen die Kinder ihrem Höreindruck nun einen eigenen bildhaften Ausdruck geben. Dabei soll ein Stück weit mehr haftendes Lernen ermöglicht werden.

Biblischer Bezug:
„Mose aber hütete die Schafe seines Schwiegervaters ..." (2. Mose 3,1-22)

Altersempfehlung:
ab 9 Jahre

Situation:
Den Kindern ist die Geschichte des brennenden Dornbuschs und der Berufung des Mose bereits erzählt worden.

Materialien:
Bunte Wollfadenreste, flache Wassergefäße zum Anfeuchten der Fäden, möglichst einfarbige Teppichfliesen oder Decken etc.
(Zur Wollfaden-Bildgestaltung siehe auch im Kapitel „Spielrepertoire", Seite 31.)

Möglicher Ablauf:
a) In einer Imaginationsübung erinnern sich die Kinder mit geschlossenen Augen an die Erfahrung des Mose vor dem brennenden Dornbusch.
b) Auf mehreren Teppichfliesen, die dann spielend hin- und hergeschoben werden können, sollten Teileelemente der Gesamtszene als Fadenbilder entstehen: Schafe, Wüste, Gras, Dornbusch und Mose.
c) Die Wollfaden-Technik erlaubt gegenüber gemalten Bilddarstellungen auch Veränderungen. So können die Kinder, die Mose gestalten wollen, ihn zunächst als ganzes Körperbild auch mit beiden Füßen darstellen und darüber vielleicht mit Fäden anderer Farbe die Form seines Schuhwerkes legen, Sandalen o.Ä.
d) Sind alle Teildarstellungen fertig, kann das Ganze – vielleicht zu einer Stegreiferzählung – zusammengefügt werden.
   Dabei wird wohl mit Mose und den Schafen begonnen. Dann beginnt der Dornbusch, der zunächst normal dargestellt ist, zu brennen (die Kinder legen Fäden in Feuerfarben darauf).

e) Nun tritt Mose näher (wir schieben die Fliese mit seiner Figur heran), auf Gottes Aufforderung kann sein Schuhwerk ausgezogen (abgenommen) werden.
Betroffen von Gottes Stimme wird Mose möglicherweise ab und an zurückweichen; all dies ist mit Fadenbildern auf beweglichen Fliesen spielbar ...

36 Das goldene Kalb – damals und heute
(Collagenspiel)

Zielvorstellung:
Die Kinder sollen auf dem Hintergrund der alttestamentlichen Erzählung erkennen, dass auch heute vieles „vergöttert" wird. Für so manches moderne Götzenbild wird viel geopfert – um damit prahlen zu können. In einem Liedvers werden sie eingeladen, dem unsichtbaren, lebendigen Gott zu vertrauen.

Biblischer Bezug:
„Mache uns Götter, die vor uns hergehen ..." (2. Mose 32,1)
„Du sollst dir kein Bildnis, noch irgendein Gleichnis machen ..." (2. Mose 20,4)

Altersempfehlung:
ab 9 Jahre

Situation:
Den Kindern ist von Mose und Aaron erzählt worden (Geschichte vom „Goldenen Kalb").

Materialien:
Zeichenkarton, Pappe, Kleber, Scheren, Zeitschriften zur Bilderauswahl, Orff-Instrumente und das nachfolgende Lied:

Text und Melodie: © Wolfgang Longardt

Frü-her war's ein Bild aus Gold o-der auch aus
Sei-nen Gott man zei-gen wollt, prah-len mit ihm

Holz. Doch der HERR ge-bie-tet: NEIN,
stolz. Lasst das Bil-der-ma-chen sein,

kommt, ver - traut mir ganz al - lein.

Möglicher Ablauf:

a) In die Mitte der geplanten Collagenfläche wird in Erinnerung an die biblische Geschichte das umtanzte und vergötterte „Goldene Kalb" gemalt und aufgeklebt.

b) Ob sich die Klasse oder Gruppe etwas aufteilt, um passend zu den Collagenelementen jeweils passende Klanghintergründe zu erfinden? Recht wild wird es beim Tanz um das Kalb geklungen haben.

c) Was heute vergötzt und vergöttert wird vom muskelbepackten Körper bis zum Super-Auto etc. kann nun entworfen, dazugeklebt und mit typischen Geräuschen oder Klängen versehen werden.

d) Nach und nach wird die Collage wachsen, bis die Kinder alle Bildteile mit Kartonresten abdecken und gemeinsam zunächst das obige Refrainlied einuben.

e) Schließlich folgt eine Art „Aufführung", vor und nach jedem neu aufgedeckten, „enthüllten" Bildelement (begleitet mit Orff-Improvisationen) singen und musizieren wir das Lied.

37 Mose und Aaron vor Pharao

(Overhead-Schattenfigurenspiel)

Zielvorstellung:
Im Nachspielen und Nachgestalten der biblischen Erzählung sollen die Kinder erkennen, welcher Mut und Glaubensgehorsam dazu gehört, sich als Fürsprecher des Volkes vor den mächtigen Pharao zu stellen.

Biblischer Bezug:
„Dann gingen Mose und Aaron hinein und sprachen zu Pharao: ‚So sagt der Herr, der Gott Israels: Lass mein Volk ziehen' ...“ (2. Mose 5,1-18)

Altersempfehlung:
ab 9 Jahre

Situation:
Den Kindern ist der oben genannte Textabschnitt erzählt worden.

Materialien:
Overheadprojektor (Tageslichtschreiber), Papierreste für Schattenfiguren in Reißbildtechnik.
(Zur Reißbild-Gestaltung siehe im Kapitel „Spielrepertoire“, Seite 36.)

Möglicher Ablauf:
a) In einem einstimmenden Gespräch erinnern sich die Kinder an die Geschichte. Sie tragen zusammen, was ihnen besonders bedeutsam oder eindrucksvoll war.
b) Nun werden sie mit der Schattenspieltechnik auf der Projektionsfläche des Overheadprojektors vertraut gemacht. Durch langsames Auf- und Abdecken der Linse mit einem Stück Papier lassen sich eindrucksvolle Effekte und gute Szenenanfänge bzw. Schlüsse gestalten. Die notwendige Figurengröße und der Reiz einer grob gerissenen Schattenfigur kann kurz demonstriert werden.
c) Nun werden die Figuren gerissen: Mose, Aaron, Pharao und evtl. Palastwachen. Nach einigen Spiel- und Bewegungsproben mit den Reißfiguren könnte der Ablauf zunächst stumm geprobt werden. Die Kinder entscheiden, ob es vielleicht eine Vorszene bei den Palastwachen, die schließlich Einlass gewähren, geben soll.
d) Zu einer Stegreif-Erzählung wird nun versucht, der Szene vor Pharao Gestalt zu geben. Mutig trägt Mose seinen Auftrag vor ...

e) Vielleicht wollen die Kinder dem kleinen Spiel auch einen gesungenen Rahmen geben, zum Beispiel mit der bekannten Spiritual-Strophe: „When Israel was in Egypt's land ...“ Zu Beginn und am Ende könnte dies gesungen werden, während vielleicht beim langsamen Aufleuchten und Abblenden der Szene die gleiche Melodie nur gesummt wird.

Zusatz-Impuls:
Wird bald vom Fortgang der Geschichte erzählt, lassen sich die Schattenfiguren nochmals einsetzen.

38 Joseph und seine Brüder
(Knetfigurenspiel)

Zielvorstellung:
In Erinnerung an eigene Geschwisterkonflikte sollen die Kinder sich in die Situation des kleinen Joseph hineinspüren, aber auch in die Lage der größeren Geschwister, bis hinein in deren schweren Gewissenskonflikt.

Biblischer Bezug:
„Israel aber hatte Joseph lieber *als alle seine* Kinder ...“ (1. Mose 37,3)

Altersempfehlung:
ab 7 Jahre

Situation:
Den Kindern ist der erste Teil der Josephsgeschichte erzählt (bis zum Verlauf des Joseph und dem Belügen des Vaters).

Materialien:
Modellier- bzw. Knetmasse oder Ton, sowie als Arbeitsplatten Brettchen oder dicke Papierstücke. Für Josephs bunten Rock ein Stück mehrfarbigen Stoffes, Schere.

Möglicher Ablauf:
a) Die Klasse oder Gruppe einigt sich, wer die jeweiligen Personen knetet, sowie über entsprechende Größenverhältnisse, nur ein Bruder, der Benjamin, ist noch kleiner als Joseph.
b) Sodann legen wir mit einem Tafelanschrieb die Szenenfolge fest. Joseph beim Vater Israel / Besuch bei den Brüdern auf dem Feld und

Traumerzählungen / erneuter Besuch auf dem Feld, jetzt aber bekleidet mit dem neuen, bunten Rock / Brunnensturz und Verkauf des Bruders / Schlussszene beim Vater, der grenzenlos um Joseph trauert.

c) Diese Szenen vor Augen, werden die nötigen Figuren geknetet, ein Tisch als spätere Spielfläche wird ebenfalls vorbereitet.

d) Sind die Figuren fertig gestellt (manche Modellmasse härtet sehr schnell an der Luft, während Ton in den Brennofen muss), setzen sich alle im Kreis um den Spieltisch.

Vor jeder Spielszene kann als Ankündigung und Gliederung der Teile gemeinsam gesprochen werden:

„Gebt Acht, im Buch der Bücher steht,

wie es dem kleinen Joseph geht!"

Nun folgt Szene auf Szene bis zur großen Trauer des belogenen alten Vaters.

e) Vielleicht ist noch Zeit zu einem Nachgespräch: Wie lebt es sich mit einer Lüge, mit belastetem Gewissen? (Bald wird die Geschichte weitererzählt und weitergespielt – bis zum versöhnlichen Ende.)

39 Eine Schuld und ihre Folgen
(Stegreif-Hörspiel)

Zielvorstellung:
Die Kinder sollen erkennen, wie eine schlimme Tat neues Unrecht nach sich zieht. Durch das spielerische Sichhineinvertiefen in die Gewissensnöte der Brüder und die Trauer des Vaters sollen haftende, innere Bilder gewonnen werden.

Biblischer Bezug:
„Als nun Joseph zu seinen Brüdern kam ..." (1. Mose 37,23-35)

Altersempfehlung:
ab 8 Jahre

Situation:
Den Kindern ist vom Brunnensturz und von der Vortäuschung eines gewaltsamen Todes des kleinen Bruders sowie von der großen Trauer des Vaters Israel erzählt worden.

Materialien:
Kassettenrekorder mit eingebautem Mikrophon, evtl. einige Orff-Instrumente zur Geräuschgestaltung.

Möglicher Ablauf:
a) In einer Imaginationsübung lassen die Kinder – bei geschlossenen Augen – nochmals die Erinnerungsbilder dieser Geschichte aufsteigen.
b) Alle wichtigen handelnden Personen und die Einteilung der Szenenfolge werden vorgenommen:
   - Brunnensturz (mit klagendem Joseph)
   - Verkauf des Jungen an die Karawane der Ismaeliten (erneutes Klagen Josephs)
   - Streit mit Ruben, der die Brüder anklagt
   - Einigung über den Täuschungsversuch mit dem blutigen Rock
   - Entsendung eines Boten zu Israel, der in grenzenlose Trauer fällt
   - Alle Brüder versuchen den Vater zu trösten und spielen Mitleid und Anteilnahme vor.
c) Für Szene 1 und 2 werden auch Geräuscheffekte zu probieren sein.
d) Dann kann die Stegreifaufnahme beginnen, wobei die kleinen Szenen sicher nur aus wenigen Dialogsätzen bestehen.
e) Die Schlussszene sollte ihren Höhepunkt finden in der Klage Israels, der glaubt, den Tod Josephs nicht überleben zu können.

Anhang: Werkstatt-Bericht:
Zu einem Bremer Religionslehrer-Seminar mit dem Thema „Biblische Stegreif-Hörspiele" brachte ein Referendar eine Kassetten-Aufnahme mit, aus der hier die beiden letzten Szenen wiedergegeben werden sollen (Die Kinder waren 9 und 10 Jahre alt):
Vorletzte Szene (Zwei Brüder trösten Israel):

Israel:	Ich kann es nicht glauben.
	Was hab ich bloß getan, dass so ein Unglück kommt.
Ruben:	Vater, du hast nichts getan. Wir haben nicht genug auf Joseph aufgepasst.
Israel:	Holt mir einen Sack als Trauerkleid.
	Mir bricht das Herz.
Juda:	Nein, Vater, du sollst nicht auch sterben, wir brauchen dich doch.
Israel:	Mein Joseph ist tot, das überleb ich nicht ...

Letzte Szene (Ruben, Juda und Benjamin):

Benjamin:	Wie können wir Vater nur trösten?
Ruben:	Ich weiß es nicht. Ob Joseph überlebt in Ägypten?

Juda:	Ich schlaf schon keine Nacht mehr.
	Das alles bringt Vater noch um.
	Mensch, könnte bloß alles sein wie früher ...
Ruben:	Alle sind wir schuld daran.
	Alle stecken wir mit drin – außer Benjamin.
Juda:	Wenn jetzt durch unsere Schuld Vater vor Kummer stirbt, dann weiß ich nicht mehr weiter ...
Benjamin:	Ich geh wieder nach drinnen, Vater trösten.
Ruben:	Den kann keiner trösten ...

Ausklang des Hörspiels (Mehrere Kinder lesen Verse aus Psalm 69):
„Gott, hilf mir, denn das Wasser geht mir bis an die Seele.
Ich versinke in tiefem Schlamm, da kein Grund da ist,
ich bin im tiefen Wasser, und die Flut will mich ersäufen.
Ich habe mich müde geschrien, mein Hals ist heiser,
das Gesicht vergeht mir, dass ich solange harren muss auf meinen Gott.
Gott, du weißt meine Torheiten und meine Schuld ist dir nicht verborgen.
Erhöre mich, Herr,
denn deine Güte ist tröstlich,
wende dich zu mir nach deiner großen Barmherzigkeit ...“
(Das Gebet war leise von einer dumpfen Orff-Pauke begleitet.)

40 Joseph darf seinen Vater wiedersehen
(Reißbildcollage)

Zielvorstellung:
Die Kinder sollen den großen Spannungsbogen der Josephs-Geschichte erkennen und das verborgene Wirken Gottes bis zum Wiedersehen mit dem alten Vater.

Biblischer Bezug:
„Und er sandte Juda vor sich hin zu Joseph ...“ (1. Mose 46,1-7.28-34)

Altersempfehlung:
ab 9 Jahre

Situation:
Den Kindern ist die Josephsgeschichte einschließlich der Versöhnung mit seinen Brüdern und des Wiedersehens mit seinem Vater erzählt worden.

Papierreste, Klebstoff zur Reißbildcollage, dunkler Zeichenkarton als Untergrundfläche.
(Zur Reißbildtechnik siehe im Kapitel „Spielrepertoire", Seite 36.)

Möglicher Ablauf:
a) Damit ein schönes, eindrückliches Schlussbild der Geschichte entstehen kann, tragen die Kinder zusammen, wie sie sich die Szene des Wiedersehens vorstellen.
b) Um in überschaubarer Zeit zu einem guten Ergebnis zu kommen, werden zur Herstellung der Reißbild-Elemente und Figuren unterschiedliche Aufträge vergeben:
   – Wer möchte eine Straße im Land Gosen gestalten?
   – Wer den Wagen Josephs mit Mauseseln davor?
   – Wer den vorausgesandten Juda, den schon ausgestiegenen Joseph, wer den alten Vater, die anderen Brüder usw.
c) Nach Vers 29b fallen sich Joseph und sein alter Vater weinend um den Hals und in die Arme, das könnte der Mittelpunkt der Collage sein. Schließlich finden wahrscheinlich auch die meisten Reste der Reißbildarbeit auf dem Ganzen noch Verwendung: Sie sind Steine am Weg, kleine Pflanzen und Sträucher (im Hintergrund Teile von Israels Karawane mit Karren und Tieren).
d) Ob die Kinder sich zum Schluss ein Dankgebet Josephs ausdenken und es an den Bildrand kleben? „Menschen gedachten es böse zu machen, Gott hat alles gut gemacht!" (Siehe 1. Mose 50,20.)

41 Womit ist Jonas Fischbauch-Zeit vergleichbar?

(Symbolspiel)

Zielvorstellung:
Die Kinder sollen die Brücke von den Erfahrungen des Jona zum eigenen Leben schlagen und die Übertragbarkeit von bestimmten Grundsituationen erkennen.

Biblischer Bezug:
„Und Jona betete im Leib des Fisches zu seinem Gott ..." (Jona 1-4 [2,2])

Altersempfehlung:
ab 10 Jahre

Situation:
Den Kindern ist die Jona-Geschichte bereits erzählt worden, in Rollenspielen und Fußspurengestaltungen[31] haben sie sich in das biblische Geschehen vertieft.

Materialien:
Papier in unterschiedlichen Farben, Scheren, Stifte, eine Kerze.

Möglicher Ablauf:
a) Die Klasse oder Gruppe wird aufgefordert, jeweils die eigenen Füße auf ein Blatt Papier zu stellen, zu ummalen und auszuschneiden.
b) Die Kinder legen die Sohlen zu einem großen Fischumriss auf den Boden. Die kleinsten Fußumrisse legt man in die Mitte – als Jona.
c) Zu einem Imaginationsspiel schließen alle die Augen und erinnern sich nochmals an Jona im Fischbauch.
d) Nun wird vielleicht die Frage gestellt, wie die Kinder sich fühlen würden, so allein im dunklen Fischbauch. Vermutlich sprechen die Kinder über Angst, über Gefühle des Verlassen-Seins, aber auch über Stoßgebete und manchen neuen Vorsatz.
e) Aber Jona ist nicht ganz ohne Hoffnung. Er betet, also weiß er noch, dass Gott ein Ohr für ihn hat ...
Schließlich umschreiben die Kinder das Gefühl, wieder aus dem Dunkeln heraus zu sein, Sonne und Himmel zu sehen, auf festem Boden zu stehen, sich wie neu-geboren zu fühlen.
f) Abschließend erfinden die Kinder in Identifikation mit Jona ein Dankgebet.

Anhang: Werkstatt-Bericht
Eine 8. Klasse hat sich Zug um Zug in die Jona-Geschichte hineingelebt, hineingespürt. Die Lehrerin ging mit den Kindern in der oben skizzierten Schrittfolge vor.
Am meisten haftet bei den Kindern das Bild des Sitzens im Fischbauch. Auf die Frage, wie sie sich fühlen würden, anstelle des Jona dort ins Meer zu sinken, dann im Fischbauch zu erwachen (siehe oben unter d), antworten die Kinder u. a.:
„Wenn ich im dunklen Fischbauch weich sitze und draußen ist wilder Sturm, dann würde ich mich wie in einer Rettungsinsel fühlen."
„Bestimmt würde ich mich nur kurze Zeit wie ein Geretteter fühlen."

„Na, wenn ich da im Dunkeln sitze, frage ich erst mal, wo bin ich denn überhaupt jetzt?"

„Ich würde anfangen zu schreien: Ich will hier raus!"

„Ich würde die Umgebung befühlen, wo ein Ausgang zu finden ist."

„Ich würde vielleicht lauschen und horchen. Dann merke ich, dass die Höhle schwimmt, bald nach oben, bald nach unten. Vielleicht werde ich auch seekrank und ich überlege, wo fährt man mich hin?"

„Weil es da schön weich ist, bloß ein bisschen glitschig, schlafe ich vielleicht vor Erschöpfung ein, denke ich."

„Einschlafen, nein, ich würde schreien, damit Hilfe kommt, damit mich einer rettet und wieder ans Licht bringt, na, vielleicht auch beten."

Dann kam das Gespräch auf die Frage, ob Jona vielleicht langsam ruhiger geworden sein könnte und ob wir ruhiger werden würden. Die meisten in der Klasse bezweifelten das.

Ein Kind meinte: „Höchstens wenn ein Hoffnungsschimmer, wenn ein Lichtstrahl durch das Fischmaul zu sehen wäre."

Dann sprach die Klasse darüber, was die Angst im Dunkeln kleiner machen kann. Es kamen Vorschläge wie: singen, etwas tun, etwas aufsagen, was man in besseren Tagen gelernt hat (gemeint war der Psalm „Der Herr ist mein Hirte").

Eine geraume Zeit kreiste das Gespräch um die Frage, was helfen, was beruhigen, was wie ein Hoffnungsschimmer sein könnte. Dann meinte ein Mädchen: „Genau wie Jona würden wir auch überlegen, was wir falsch gemacht haben, was wir besser machen würden, wenn wir da rauskommen könnten." Sie erzählte auch von ihrem Großvater: „In Kriegsgefangenschaft haben sie auch gebetet, hat mein Großvater erzählt, und sie haben – wie Jona – Gott versprochen, wenn sie endlich wieder frei sein würden, dann wollten sie sich ein anderes Leben vornehmen."

Dieser Gesprächsbeitrag, auf den ein Junge nach längerem Schweigen antwortete, gab der Stunde inhaltlich nochmal ein Wende. Er sagte: „Der Fischbauch war für deinen Opa die Zeit im Kriegsgefangenenlager."

So suchte die Klasse nun nach Erlebnissen, die auch der Fischbauch-Zeit des Jona ähnlich sein könnten. Es wurden genannt:

„Angst im Dunkeln, lange Allein-Sein, lange Krank-Sein, Verschleppt-Werden, Entführt-Werden, Verunglücken, hinterher Gelähmt-Sein oder in Angst, je wieder gesund zu werden."

Ein Mädchen meinte: „Aber ist etwas dann vorbei, nennt man das „Sich-Wie-Neu-Geboren-Fühlen"".

Dann lenkte die Lehrerin das Gespräch nochmals auf die Hoffnung im Dunkeln, auf das, was in dunkelsten Situationen „leuchten" könnte. Sie nahm eine Kerze und bat, dass jemand sie anzünden und auf den Fußboden

„in Jonas Fischbauch" stellen sollte. Doch die Klasse war unzufrieden, als ein Junge die brennende Kerze außen vor das Fischmaul stellte, so als dränge ein Lichtschein von außen hinein. Man protestierte: „Der wusste doch noch nicht, dass er bald ein zweites Mal geboren werden sollte."

Dagegen schlug die Klasse vor, die brennende Kerze als Zeichen einer Hoffnung ganz dicht zu Jona (zu Jonas Fußsohlen) zu stellen. Auf die Frage, was denn für ihn „leuchten" könnte, kamen Kinderantworten vom Gebet, vom Denken an Gott u.Ä.

Jetzt schienen einige Kinder zu erahnen, warum der ganze Fisch und auch die Jona-Füße aus „eigenen Sohlen der Klasse" gelegt war: „Wir können auch so etwas wie Fischbauch-Zeit erleben."

Die Lehrerin ergänzte, dass der Fischbauch so etwas wie eine neue „Geburts-höhle" sein kann, da ist Zeit, dass etwas Neues reif wird, neues Denken, ein neuer Weg, eine neue Fähigkeit. Dies griff ein Mädchen der Klasse am Ende auf, als sie sagte: „Na klar, in einem Bauch wird etwas verdaut, wird etwas reif zum Geboren-Werden, aber das dauert ..."

42 Simeon und das Jesus-Kind

(Text-Puzzlespiel)

Zielvorstellung:
Die Kinder sollen den Ablauf der Begegnungsgeschichte zusammensetzen und erkennen, welche Aussagen Simeon über Jesu Weg macht.

Biblischer Bezug:
„Und siehe, ein Mensch war zu Jerusalem mit Namen Simeon ..." (Lukas 2,25-35)

Altersempfehlung:
ab 9 Jahre

Situation:
Die Geschichte ist den Kindern bereits erzählt worden, nun soll sie erinnert und vertieft werden.

Materialien:
Die nachfolgende Erzählung wird ausreichend kopiert und jeweils zweizeilig als Puzzlestreifen auseinander geschnitten.

Zur Methodik der Text-Puzzle-Arbeit siehe im Kapitel „Spielerepertoire, Seite 34.

„Viele kannten den alten, frommen Simeon, der fast täglich zum Gebet in den Tempel kam. Er hoffte und betete, dass er es noch

---

erleben würde, dem Retter zu begegnen, den Gott senden will. Jetzt war er ganz gewiss, darum trieb es ihn heute wieder zum Tempel.

Als Maria und Joseph ihr Kind zu Gebet und Dankopfer zum Tempel trugen, trat er ihnen in den Weg: „Darf ich das Kind auf meinen

---

Arm nehmen", bat er. Erstaunt aber bereitwillig übergab Maria ihm den kleinen Jesus. Simeon hielt ihn behutsam mit seinen alten,

---

ungelenken Händen, er hob ihn hoch, er hielt das Kind wie eine empfangene Gabe und betete: „Herr, nun kann ich in Frieden

---

sterben, meine Augen haben den Heiland gesehen, für alle Völker wird er ein Licht sein dir und Israel zur Ehre!" Maria und Joseph

---

wunderten sich über den alten, frommen Mann, der gab ihnen nun ihren Sohn zurück, hob die Hände auf und segnete Maria, Joseph

---

und das Jesus-Kind: „Herr, segne und behüte dieses Kind, sein Weg wird schwer sein, für viele wird er der Retter werden, andere

---

werden seine Feinde sein und ihm widersprechen. Aber der Segen Gottes stärke ihn und euch. Amen." Als er sich umwandte und

---

davon ging, hörten sie ihn immer noch murmeln: „Ich durfte ihn noch sehen, ich durfte ihn noch sehen ...""

Möglicher Ablauf:
a) In Kleingruppen puzzeln die Kinder die ihnen bekannte Geschichte und lesen sie nochmals vor.
b) In einer Imaginations-Übung lassen sie bei geschlossenen Augen nochmals Szenen der Geschichte als innere Bilder in sich aufsteigen. Sie tauschen sich aus, welche Bilder besonders nachdrücklich vor ihnen gestanden haben.

c) In Kleingruppen finden sie nun aus dem Text heraus, welche Aussagen Simeon über den Weg Jesu macht.
d) Im Gespräch wird geklärt, ob helle und frohmachende Aussagen dabei überwiegen oder dunkle, angstmachende.
e) Ob Maria und Joseph später oder noch am gleichen Tag viel über diese Begegnung nachgedacht haben?
f) Abschließend könnte an Stelle der obigen freien Nacherzählung der biblische Originaltext gelesen werden.
g) Dabei wäre dann darüber nachzudenken, was wohl mit der Aussage an Maria gemeint sein könnte: „Es wird ein Schwert durch deine Seele dringen ...“?

43 Simeons Hoffnung hat sich erfüllt
(Titelspiel aus unterschiedlicher Sicht)

Zielvorstellung:
Den Kindern soll vertiefend zur schon bekannten Simeon-Erzählung deutlich werden, wie diese Begegnung aus der Sicht der Beteiligten unterschiedlich weitergewirkt haben mag.

Biblischer Bezug:
Lukas 2,25-35 (siehe auch Seite 106)

Altersempfehlung:
ab 9 Jahre

Situation:
Die Kinder kennen die Simeon-Geschichte.

Materialien:
Der folgende „Titel-Wahlzettel“:

Aufgabe: Wähle aus den folgenden Titelvorschlägen die beste und die zweitbeste Überschrift zur Simeon-Geschichte aus und begründe deine Entscheidung.
Bist du mit keinem Titelvorschlag ganz zufrieden, so kannst du unter 10. eine eigene Überschrift erfinden.

1. Diesen Tag vergisst Simeon nicht

2. „Ihn noch sehen und dann sterben ..."

3. Eine Mutter zwischen Freude und Sorge

4. „Nicht einmal gratuliert hat er ..."

5. Unerwartete Segnung beim Tempelbesuch

6. „Als ob er auf uns gewartet hätte ..."

7. „Ob er Maria und mich warnen wollte?"

8. Ob der fromme Mann Vorahnungen gehabt hat?

9. Lange gehofft, lange gebetet und nun ...

Ein eigener Titel:

10. ....

Zusatz-Impuls:
Welche Titel sind aus der Sicht des Simeon, welche aus Marias, welche aus Josephs Sicht formuliert?

Möglicher Ablauf:
a) Wir erinnern uns an die Geschichte. Jeder der drei Erwachsenen hat sie anders erlebt.
b) Titelspiel
c) Wir werten unsere Vorschläge aus.
d) Gibt es Titel, die aus dem Mund Marias, Josephs oder Simeons stammen könnten?

44 Maria und Joseph als nachdenkliche Eltern Jesu

(Dialog- und Knetfigurenspiel)

Zielvorstellung:
In einer weiteren Vertiefung der Simeon-Geschichte sollen die Kinder sich mit all ihrer Phantasie und Vorstellungskraft in die Eltern Jesu hineinfühlen, die gewiss von den Worten Simeons und seinem Segen tief berührt waren.

Biblischer Bezug:
„Und sein Vater und seine Mutter wunderten sich über all das, was von ihm geredet ward ..." (Lukas 2,33)

Altersempfehlung:
ab 9 Jahre

Situation:
Die Simeon-Geschichte ist bekannt.

Materialien:
Modelliermasse oder Ton, kleine Holzbrettchen oder Pappen als Arbeitsunterlage

Möglicher Ablauf:
a) Die Kinder erinnern sich an die Simeon-Erzählung und an die Verwunderung der Eltern Jesu:
    – Da schien jemand geradezu auf sie gewartet zu haben.
    – Dieser alte Mann sagte schöne und schlimme Dinge über den Weg Jesu.
    – Aber er hat nicht nur das Kind, sondern auch Maria und Joseph gesegnet ...
    – Und von einem Schmerz, der wie ein Schwert durch Marias Seele dringen wird, hat er am Schluss gesprochen.
b) Mit unserer Ergänzungsphantasie erdenken wir uns eine Weiterführung der Geschichte: Auf dem Heimweg reden Maria und Joseph über diese seltsame Begegnung.
c) Für dieses Dialog-Spiel modellieren wir uns Knetfiguren: ein Jesus-Kind, eine Maria und einen Joseph. (Ob sie abwechselnd das Kind

tragen? Ob sie Rast machen, um den Kleinen hinlegen und in Ruhe reden zu können?)

d) In Kleingruppen machen die Kinder, nachdem sie die Figuren modelliert haben, erste Spiel- und Dialog-Versuche.

e) Schließlich werden einige Dialogspielszenen vorgeführt und in einem Nachgespräch ausgewertet. (Maria und Joseph mögen ein wenig mit Sorge in die Zukunft sehen, aber sie erinnern sich wohl mit Dankbarkeit an den Segenszuspruch: Gottes Nähe und seine Stärke werden sie begleiten ...)

45 Jüngerberufungen
(Variationenspiel)

Zielvorstellung:
Die Kinder sollen statt einer allzu glatten, kaum hinterfragten Erzählwahrnehmung das geradezu provozierende, mutige Entscheiden derjenigen, die alles verließen, um mit Jesus zu ziehen, erkennen. Dies ist leichter auf dem Hintergrund mit Variationen, in denen die Angesprochenen – wie wir – viele Ausreden und Hindernisse anführen.

Biblischer Bezug:
„Und Jesus sprach zu ihnen: ,Folget mir nach, ich will euch zu Menschenfischern machen.' " (Markus 1,17)

Altersempfehlung:
ab 10 Jahre

Situation:
Die Gruppe oder Klasse kennt bereits einige Geschichten vom Wirken Jesu.

Materialien:
Für die Rollenspielvariationen wäre es schön, sich mit unterschiedlichen Tüchern ein wenig zu verkleiden.

Möglicher Ablauf:
a) Der Klasse oder Gruppe wird sowohl der biblische Originaltext (Markus 1,16-20) als auch folgende Variation kopiert verteilt. Nach stillem Einlesen vergleichen wir die Schlüsse.

Variation:

> An einem See reinigen zwei Fischer ihre Netze. Ein Fremder kommt auf sie zu und spricht sie unvermittelt an: „Lasst eure Arbeit, kommt mit mir, ich brauche euch für meine Arbeit, ihr sollt Menschenfischer werden." Nach kurzem Erstaunen sagen sie: „Nein, nein, wir haben nur das Fische-Fangen gelernt, zu anderem sind wir nicht geschaffen." Der Fremde, der Rabbi Jesus, sagt nochmals: „Kommt mit mir, vertraut mir, werdet Menschenfischer." Doch sie winken ab. Da geht der Fremde davon.

b) In Kleingruppen überlegen die Kinder andere unterschiedliche Reaktionen der Fischer. In Stegreifszenen führen sie diese einander vor: Da wird nach Bezahlung gefragt; da meint jemand, nicht fromm genug zu sein; ein anderer fürchtet das, was die anderen Leute im Dorf sagen ...

c) Schließlich wird die Original Markus-Szene in etwa nachgespielt. Im Nachgespräch wird deutlich, wie stark Jesu Wort und Persönlichkeit gewesen sein muss, aber auch, welch mutige Entscheidung die „neuen Jünger" getroffen haben.

46 Mit neuen Augen die Welt sehen
(Gesichter-Malspiel)

Zielvorstellung:
Die Kinder sollen die große Veränderung im Leben des Bartimäus einfühlsam miterleben, indem sie den unterschiedlichen Ausdruck seines Gesichtes nachgestalten.

Biblischer Bezug:
„Und da er hörte, dass es Jesus von Nazaret war, fing er an zu schreien ..."
(Markus 10,46-52)

Altersempfehlung:
ab 8 Jahre

Situation:
Die Kinder kennen die Heilungsgeschichte des Bartimäus nach Markus 10.

Materialien:
Tuschfarbe oder Wachsmalstifte, Zeichenpapier

a) Im Gespräch erinnern wir uns an die Heilung des Bartimäus, sein mühsames, trauriges Bettlerleben, das Kommen Jesu, die Hilferufe, das Hingehen zu Jesus, die Heilung, die staunende Freude.

b) In einer Imaginationsübung lassen wir bei geschlossenen Augen eindrückliche Bilder dieser Geschichte vor unser inneres Auge treten.

c) Nun wählen die Kinder unterschiedliche Gefühlssituationen aus, um bald ein trauriges Gesicht, bald ein um Hilfe schreiendes, ein erwartungsvolles oder in die Sonne blinzelndes Gesicht zu malen.

d) Nach der Malphase ordnen wir die gegensätzlichen Gesichtsausdrücke dem Ablauf der Geschichte zu.

e) Nun könnten wir Sätze erfinden, die er in der jeweiligen Situation denkt.

f) Vor all unseren Zeichnungen sprechen wir vielleicht gemeinsam einen Gebetsvers:
„Gib uns offne Augen, Herr,
hilf uns zum rechten Sehn,
dass wir nicht mit müden Augen
durch das Leben gehn. Amen"[32]

47 Die Wende im Leben des Bartimäus
(Stegreifspiel)

Zielvorstellung:
Um haftendes Lernen zu ermöglichen, sollte nach dem Lesen oder Erzählen der Geschichte das Ganze im Rollenspiel nachdrücklich Gestalt werden. Wer sich in die Rolle des Bartimäus hineingefühlt hat, wird diese Geschichte lange auch als inneres Bild in sich tragen.

Biblischer Bezug:
Markus 10,46-52 (siehe Seite 112)

Altersempfehlung:
ab 8 Jahre

Situation:
Die Kinder kennen bereits einige Jesus-Geschichten und sind mit seiner Gestalt vertraut.

Materialien:
Ein Tuch zum Verbinden der Augen des Blinden, ein Stock, vielleicht farbige Umhängetücher zum besseren Kennzeichnen der Personen.

Möglicher Ablauf:
a) Den Kindern wird die Heilung des Bartimäus nach Markus 10 erzählt. Sodann könnte die Handlung an der Tafel in Szenen aufgegliedert werden. Haupt- und Nebenrollen werden benannt.
b) Nun kann das Stegreifspiel beginnen.
Mit Szene 1 – vor der Ankunft Jesu – wird begonnen. Hier ist Spielraum für viele Kinder als Passanten; manche finden den hier immer sitzenden Bettler störend, sie ärgern sich über ihn. Andere legen ihm eine Münze in die bettelnden Hände.
In Szene 2 wird die Ankunft Jesu gespielt; voller Erwartung und in großer Erregung drängen sich wieder viele Leute. Der Name JESUS ist in aller Munde, das hört Bartimäus. Nun macht er sich bemerkbar, Jesus hört ihn und ruft ihn zu sich. Das Heilungswunder geschieht.
c) In einer Schlussszene wollen die Kinder vielleicht das Staunen und die Freude des Geheilten ausspielen (oft sollte diese Rolle jetzt gewechselt werden!). Bartimäus blinzelt zaghaft in die Sonne, er staunt, dass er Hell und Dunkel unterscheiden kann, ja, auch die Umrisse der Bäume, die Menschen ... Ob er seine Freude für sich behalten kann?

48 Schlagzeilen von heute für eine alte Heilungs-Geschichte
(Titelspiel)

Zielvorstellung:
Die Kinder sollen erkennen, dass schon die Überschrift eines Berichtes viel über die Haltung des Schreibers oder Berichterstatters aussagt.

Biblischer Bezug:
Markus 10,46-52 (siehe Seite 112)

Altersempfehlung:
ab 12 Jahre

Situation:
Die Kinder kennen diese Heilungs- und andere Jesus-Geschichten.

Materialien:
Der nachstehende Titelzettel und seine Frage-Impulse in ausreichender Zahl kopiert.

Sehr unterschiedliche Überschriften!

Wäre die Heilung des Bartimäus durch Jesus heute geschehen, könnten wir in unseren Zeitungen sehr verschiedene Schlagzeilen lesen. Werte die nachfolgenden Schlagzeilen aus:
– Welche verraten positive Anteilnahme?
– Welche sind negativ bis ablehnend?
– Welche klingen nüchtern, zurückhaltend?

1. Glaube eines blinden Bettlers hatte Folgen

2. Sehbehinderung wirklich für immer gebessert?

3. Heilung am Stadtrand von Jericho

4. Geheilter zieht fröhlich und dankbar mit Jesus

5. Nun sieht er Gottes Welt mit ganz neuen Augen

6. Wanderprediger gewinnt einen neuen Fan

7. Medizinisch noch nicht nachgeprüft

8. Tiefes Vertrauen zu Jesus hat ihm geholfen

9. Ging das mit rechten Dingen zu?

Möchtest du als Schlagzeile Nr. 10 eine Überschrift aus der Sicht des geheilten Bartimäus aufschreiben?

10. ....

Möglicher Ablauf:
a) Wir erinnern uns an die Bartimäus-Erzählung, wie sie Markus berichtet hat, der die „gute Nachricht von Jesu Kommen" in seinem Evangelium deutlich machen will.
b) Über ein Ereignis kann verschieden berichtet werden, auch damals war dies gewiss so.
c) Stille Einzelarbeit mit dem „Titelzettel"
d) Gemeinsame Auswertung

49 Jesus begegnet Zachäus

(Stegreif-Hörspiel mit Orff-Instrumenten)

Zielvorstellung:
Die Kinder sollen nach dem Erzählvorgang ihren Eindruck verarbeiten und vertiefen, indem sie Klänge und Geräusche rund um die Kernsätze der lukanischen Erzählung gestalten.

Biblischer Bezug:
„Er zog hinein nach Jericho und siehe, da war ein Mann, genannt Zachäus ...“ (Lukas 19,1-10)

Altersempfehlung:
ab 8 Jahre

Situation:
Die Klasse oder Gruppe ist mit der Zachäus-Erzählung bekannt gemacht und hat auch über Außenseiter-Situationen nachgedacht.

Materialien:
Kassettenrekorder mit eingebautem Mikrophon, Orff-Instrumente

Möglicher Ablauf:
a) Wir erinnern uns an die Situationen der Zachäus-Erzählung. Hätte jemand damals ein Mikrophon auf die Straße gestellt, es wäre viel Interessantes zu hören gewesen.
b) Die Kinder nennen Straßengeräusche, Tiergetrappel, Schritte der Menschen, Stimmengewirr, Rufe: „Jesus kommt“ u.Ä.
c) Zunächst machen wir zu dieser Straßenatmosphäre ein paar Probeaufnahmen. Vielleicht wählen die Kinder ein(n) Erzähler(in) für den Handlungsablauf.
d) Dann beginnen wir mit den eigentlichen Kassettenaufnahmen:
– Die Kinder wollen zunächst Geräusch und Geschäftigkeit am Stadttor, an der Zollstelle akustisch spielen, auch Tiergeräusche imitieren sie, Gepäck wird hin- und hergeworfen, Geldmünzen klappern und fallen herunter. In knappen Reportagesätzen wird geschildert, was dort geschieht, natürlich wird auch der Ärger über den besonders ungeliebten Oberzöllner erwähnt.
– Nun steht das Mikrophon gleichsam auf einem anderen Schauplatz, mitten im Ort, dort wird Jesus erwartet. Wieder gibt es Volksge-

murmel, Straßengeräusche; dann den Ruf: „Er kommt, Jesus kommt!"
Den Hörern wird erzählt, dass Jesus stehen bleibt und hinaufsieht,
wo auf einem Baum Zachäus sitzt. Er fordert ihn auf herabzustei-
gen: „Komm herunter, ich will heute gerade dich besuchen!"
– Die letzte Szene mit dem Ärger und dem Unwillen der Menschen
spielt vor dem Haus des Zachäus. Ob es Pfiffe oder Buh-Rufe gibt?
Dann tritt Jesus vor die Tür ...

50 Geschehen in den Straßen von Jericho
(Spuren-Stempelspiel)

Zielvorstellung:
Die Kinder sollen sich mit all ihrer Phantasie und Gestaltungskraft in die
„Zachäus-Straßen-Geschichte" hineinfühlen. Über die Spuren-Gestaltung
kann sich der Eindruck der Geschichte wesentlich vertiefen.

Biblischer Bezug:
Lukas 19,1-10 (siehe Seite 116)

Altersempfehlung:
ab 8 Jahre

Situation:
Den Kindern ist die Zachäus-Geschichte bereits bekannt.

Materialien:
Alte Tapetenrollen als Gestaltungsflächen, Fingerfarben bzw. Kartoffel-
hälften und kleine Küchenmesser zum Fußstempel-Herausschneiden, evtl.
Tuschfarbe, die dick angemischt werden sollte.
(Siehe auch unter „Spurenspiele" im Kapitel „Spielerepertoire", Seite 28.)

Möglicher Ablauf:
a) In Gemeinschaftsarbeit können große Stempelbilder mit mehreren Szenen oder Handlungsorten relativ schnell entstehen.
Wir klären, ob einfach mit den Fingern und mit Fingerfarbe Spuren dargestellt werden sollen, oder ob die Kinder sich aus halben Kartoffeln kleine Fußstempel schneiden wollen, die dann angefärbt werden.

b) Vielleicht bilden sich zwei Gruppen an zwei Tapetenrollen, deren Rückseiten wir bestempeln: auf der Straße vor dem Maulbeerbaum und dann vor dem Haus des Zachäus.

c) Für Jesus und Zachäus wählen die Kinder verschiedene Farben, damit sie sich von den Fußspuren der anderen Leute unterscheiden.

d) Sind unsere Spurenbilder fertig, können wir noch wenige Augenblicke „Museums-Besuch" spielen. Ein Kind darf uns durch das „Jerichoer Spurenbild-Museum" führen und die Stempelbilder erklären, wobei wir so tun, als hätten wir die Geschichte *nie* gehört.

51 Brief an den Oberzöllner Zachäus
(Schreibspiel)

Zielvorstellung:
Weil bei vielen Menschen die Begegnung mit Jesus dauerhafte Veränderungen in ihrem Leben mit sich gebracht hat, sollen die Kinder sich mit all ihrer Einfühlungs- und Ergänzungsphantasie vorstellen, wie das Leben des Zachäus nun wohl weiter gegangen sein mag.

Biblischer Bezug:
„... die Hälfte meiner Güter gebe ich den Armen, und so ich jemand betrogen habe, gebe ich es ihm vierfältig wieder." (Lukas 19,8b)

Altersempfehlung:
ab 9 Jahre

Situation:
Die Kinder kennen die Zachäus-Geschichte.

Materialien:
Schreibutensilien, Papier

Möglicher Ablauf:
a) Wir erinnern uns vor allem an einen Vers der Zachäus-Geschichte, den Vers 8 (siehe oben), in dem der Oberzöllner mehrere Versprechen abgibt. Leider erzählt Lukas nicht, ob Zachäus das wirklich in die Tat umgesetzt hat. Und wenn, was mögen die anderen Zöllner oder die anderen im Ort gesagt haben?

b) Wir haben Grund genug, einmal einen Phantasie-Brief an Zachäus zu schreiben, wie sein Leben weitergegangen sein mag. Es könnte sein, dass eure Briefe nicht nur viele Fragen stellen, sondern vielleicht ihm auch Mut machen, seine Versprechen zu halten.

c) Es folgt die Schreibphase.

d) Wir lesen uns einige Briefe vor und werten sie im Gespräch aus.

52 Die Hochzeit zu Kana
(Variationenspiel)

Zielvorstellung:
Die Kinder sollen im Vergleich der drei Fassungen (biblische Erzählung, Märchenfassung, Tageszeitungsbericht) die jeweiligen Absichten der „Schreiber" erkennen. Es soll ihnen deutlich werden, dass Johannes nicht an einem wundersamen Akt interessiert ist, sondern die Jesus-Gestalt aufleuchten lassen will.

Biblischer Bezug:
„Am dritten Tag war eine Hochzeit zu Kana in Galiläa ..." (Johannes 2,1-12)

Altersempfehlung:
ab 12 Jahre

Situation:
Die Kinder kennen schon einige Jesus-Geschichten.

Materialien:
Die Gruppe oder Klasse erhält die drei nachfolgenden Texte kopiert.

1. Was wundersam bei einer Hochzeit geschah
Es war einmal eine Hochzeit in Kana, auch Jesus war mit seiner Mutter und seinen Jüngern eingeladen. Alle feierten fröhlich und lange, da aber ging den Gastgebern der Wein zu Ende. Jesu Mutter merkte es. „Jesus, du hast die Kraft, jetzt zu helfen", sagte sie zu ihrem Sohn. Leise erhob sich Jesus und sagte zu seiner Mutter: „Nun kann ich zeigen, wer ich wirklich bin und welche Kraft ich habe, jetzt ist die Stunde gekommen!"
Im Vorraum ließ er sechs große, steinerne Krüge mit Wasser füllen und dann geschah es: Jesus beugte sich über die Krüge, alle umringten ihn. Da!

Das Wasser begann sich zu färben, es schien sich – wie von Zauber – zu bewegen, zu kräuseln, zu sprudeln! Köstlicher Duft stieg auf!

Jesus befahl dem Speisemeister eine Probe zu reichen, der staunte: „Seltsam, jeder reicht zuerst den guten Wein und später den anderen. Heute aber bekommen die Gäste erst jetzt den kostbarsten Wein!"

Die Verwunderung war groß, man lief zu den Krügen, roch den Duft, sah die edle Färbung und staunte. – Nach diesem ersten Wunder Jesu wollten seine Jünger noch mehr Wundertaten mit ihm erleben und so zogen sie mit ihm weiter durch die Lande.

2. Wanderprediger steigert Trunkenheit bei einer Hochzeit

Wie unser örtlicher Berichterstatter aus Kana in Galiläa meldet, ereignete sich dort jüngst ein Vorfall, über den viele noch immer rätseln. Der herumziehende Rabbi Jesus, ein Wanderprediger, der sich als sehr fromm ausgibt, war mit seiner Mutter und seinen Anhängern zu einer Hochzeit eingeladen.

Im Laufe der Feier floss der Wein nur so in Strömen. In weinseliger Stimmung entdeckten die Gastgeber, dass ihre Weinvorräte verbraucht waren. Doch der Wanderprediger Jesus soll auf rätselhafte Weise für Abhilfe gesorgt haben. Aus dem Wasser von sechs großen Krügen, die im Vorraum standen, soll Jesus Wein gemacht haben, so zumindest behaupteten Teilnehmer der Feier später, die noch halbwegs im Stande waren heimzugehen. Plötzlich soll soviel hervorragender, süffiger Wein in den Krügen gewesen sein, dass die Feier noch lange weitergehen konnte. Es gab kein Halten mehr, hemmungslos wurde ausgeschenkt und getrunken. Die Literzahl in den sechs großen Krügen reichte aus, um das halbe Dorf betrunken zu machen.

War das etwa die Absicht des Wanderpredigers? Er soll sich inzwischen aus dem Staub gemacht haben. Dass Leute wie er, die vorgeben, fromm zu sein, solche Trinkgelage noch verlängern helfen, ist ein Skandal. Was sagen die Priester dazu?

3. Jesus auf der Hochzeit zu Kana

Zu Kana in Galiläa war Jesus zu einer Hochzeit eingeladen, auch seine Mutter und einige Jünger waren dabei. Überall, wo Jesus hin kam, suchten die Menschen seine Nähe. Er strahlte soviel Güte, Freude und Frieden aus, dass man ihn gern zu Gast hatte. So war es auch auf dieser Hochzeit.

Mitten in aller Freude aber ging der Wein aus. Jesu Mutter merkte es und sagte zu ihm: „Der Wein ist zu Ende gegangen." Aber Jesus antwortete ihr: „Noch ist meine Stunde nicht gekommen." Maria ging jedoch nach draußen und sagte zu den Dienern: „Tut, was er euch sagen wird."

Nach einiger Zeit ließ Jesus sechs große, steinerne Krüge mit Wasser füllen. „Bringt eine Probe dem Speisemeister", sagte er und setzte sich wieder zu den Feiernden.

Der Speisemeister kostete einen Becher und sagte dann zum Bräutigam: „Jeder reicht zuerst den guten Wein, ihr aber habt diesen kostbaren Wein bis jetzt aufgespart!"

Nun konnte wieder eingeschenkt werden, das Singen, Danken und Freuen wollte kein Ende nehmen. Alle scharten sich um Jesus, er war der „Freudenmeister", – vielleicht weil er zeigen wollte, dass Gottes Einladungen zu Fest und Freude immer weitergehen.

Im ganzen Land aber begann man zu fragen: „Wer ist er, dieser Mann aus Nazaret?"

Möglicher Ablauf:
a) Mit dem Impuls, diese drei Texte gut zu vergleichen, werden Kleingruppen gebildet; jede bekommt eine andere Aufgabe: Mal gilt es die Überschriften zu vergleichen, mal die Anfänge, mal die drei Schlüsse.
b) Wieweit haben die drei Schreiber unterschiedliche Absichten?
c) Schließlich wird nochmals der Original-Johannes-Text (Johannes 2,1-12) gelesen.

53 Jesus erzählt das Gleichnis vom verlorenen Sohn

(Spiel mit Alternativschlüssen)

Zielvorstellung:
Die Kinder sollen anhand von gegensätzlichen Schlüssen der Heimkehrgeschichte über die große Liebe und Vergebungsbereitschaft des Vaters staunen.

Biblischer Bezug:
„Ich will mich aufmachen und zu meinem Vater gehen ..." (Lukas 15,11-32)

Altersempfehlung:
ab 10 Jahre

Situation:
Die Kinder kennen schon einige Jesus-Geschichten und Gleichnisse.

Materialien:
Für dieses Schreibspiel sind Papier und Stifte nötig.

Möglicher Ablauf:
a) Den Kindern wird das Gleichnis von der „Heimkehr des verlorenen Sohnes" und der Barmherzigkeit des Vaters erzählt.
b) Bei all dem, was geschehen ist, hätte so mancher Vater anders reagiert; darum werden die Kinder nun aufgefordert, neue, andere Schlüsse für diese Heimkehrszenen zu schreiben.
c) Schließlich lesen wir uns diese Variationen vor: Darin geht es vielleicht um eine Strafe oder sogar um ein Verschließen der Tür und ein Fortschicken des Sohnes.
d) Der Lehrer oder Gruppenleiter hat auch eine Schlussvariation geschrieben:
„Als der Sohn, müde und am Ende seiner Kräfte, sich dem Vaterhaus näherte, sah er seinen älteren Bruder vor der Tür stehen, der rief den Vater heraus und sagte: ,Was sagst du nun, dieser Zerlumpte traut sich noch wieder hierher!'
Der Vater aber war im tiefsten Herzen froh, dass sein Sohn zurückgekehrt war, aber er warnte ihn: ,Du hast uns viel angetan, zeige durch fleißige Arbeit, dass es dir Leid tut. Aber kommt noch ein weiteres Mal etwas vor, dann musst du gehen – für immer.'"
e) Im vergleichenden Gespräch aller Variationen, auch mit der letzten, die nur unter Bewährung und Drohung Einlass gewährt, wird deutlich, wie grenzenlos im Jesus-Gleichnis die Vaterliebe ist. Zum Schluss wird darum Lukas 15,20-24 gelesen.

54 Jesus erzählt das Gleichnis vom Senfkorn
(Textpuzzle- und Titelspiel)

Zielvorstellung:
Die Kinder sollen erkennen, dass Gott klein und verborgen anfängt, wenn er uns mit seinem Reich der Hoffnung, der Liebe, des Glaubens beschenken will.

Biblischer Bezug:
„Er sprach aber: Wem ist das Reich Gottes gleich? Es ist einem Senfkorn gleich ...“ (Lukas 13,18-19)

Altersempfehlung:
ab 9 Jahre

Situation:
Die Kinder kennen bereits einige Jesus-Geschichten.

Materialien:
Die nachstehende Nacherzählung von Lukas 13, als Textpuzzle auseinander geschnitten und ausreichend kopiert, sowie Papier und Schreibzeug.

„Wieder wandert Jesus mit seinen Jüngern durch das heiße Land. Unter einem Gewürzbaum, einem Senfbaum, rasten sie und genießen

den kühlenden Schatten. Da hebt Jesus vom Flugsamen dieses Senfbaums ein winziges Körnchen auf und zeigt es den Jüngern: „Was

Gott euch schenkt, sein Reich, das fängt auch so klein an, wächst still und verborgen, bis es zu einem Baum wird, in dem die Vögel nisten

und wohnen.“ Er geht ein paar Schritte beiseite und drückt den winzigen Samen in die Erde. Vielleicht haben die Jünger von diesem Tag

an Augen bekommen für Gottes kleine Anfänge, aus denen Großes werden kann, etwas zum Geborgen-Sein ...

Möglicher Ablauf:
a) Die Kinder tragen zusammen, was alles klein und unscheinbar anfängt, dann aber groß und schön werden kann.
b) Nun puzzeln sie in Kleingruppen das Jesus-Gleichnis.
c) Sie lesen das zusammengesetzte Gleichnis vor und bedenken, wie Vögel sich in einem Nest, in einem Baum wohl fühlen (Was schenkt ihnen der Baum?).
d) Weil es sich um ein Gleichnis, eine „Gleich-wie-Geschichte“ handelt, überlegen wir, was uns Gott so schenken will ...
e) Ob wir uns zum Abschluss in Kleingruppen jeweils zwei verschiedene Überschriften für die Geschichte ausdenken?

Ergänzender Werkstattbericht:
Nachdem in einer kirchlichen Mädchengruppe, deren Kinder zwischen 10 und 12 Jahre alt waren, das Gleichnis zusammengepuzzelt war, erhielten die Mädchen für ein „Titel-Wahlspiel" vorbereitete Stimmzettel mit folgenden nummerierten Auswahltiteln:

---

1. Wie Jesus seine Jünger zum Staunen bringt

2. Wie Jesus seine Jünger zur Geduld mahnt

3. Vom Himmelreich und seiner Geborgenheit

4. Bei Gott zu Hause-Sein wie Vögel im Nest

5. Schützend wie ein Baum

6. Jesu neues Reich wächst langsam

7. Vom Augen-Haben für kleine, leise Anfänge

In Kleingruppen berieten sich die Kinder; zwei Titel, die jede Gruppe bevorzugte, durften angekreuzt werden.

Später in der großen Runde sollten diese Titel begründet werden: Warum passen sie gut zum Jesus-Gleichnis?

Hier ein kleiner Ausschnitt aus einem Tonbandprotokoll:

– „Titel Nr. 4 fanden wir am besten: ‚Bei Gott zu Hause-Sein wie Vögel im Nest'. Der Baum schützt die Vogelfamilien, zum Beispiel bei Regen und bei großem Sturm, aber auch bei Hitze. So will Gott uns auch schützen bei sich. Auch wenn wir das nicht sehen können, will er vielleicht erklären, dass sein Reich Gottes unsichtbare schützende Zweige hat, meinen wir."

– „Wir fanden am besten: ‚Wie Jesus seine Jünger zur Geduld mahnt'. Die Jünger waren oft bestimmt ganz mächtig ungeduldig. Na, weil sie dachten, Jesus wird König, richtig mit Krone, mit Macht und so. Aber ehe aus dem Körnchen ein richtiger Baum wird, das geht furchtbar langsam, das dauert Jahre und Jahre. So wird lange in den Menschenherzen das Gute wachsen, na, eben das von Gott."

– „Titel Nr. 6 war für uns o.k. – Im Vaterunser beten wir immer noch ‚Dein Reich komme'. Ganz schön lange braucht das."

– „Wir finden auch Nr. 4 gut. Unter dem Baum fühlen sich die Vögel wohl und zwitschern. Jesus wollte, dass wir uns in der Kirche auch wohl fühlen, da muss die Kirche noch besser werden oder?"

Gegen Ende der Gesprächsrunde sagte ein Mädchen: „Kann doch sein, viele, viele Jahre später sind ein paar von den Jüngern zufällig wieder da vorbeigekommen. Tatsächlich war ein Bäumchen gewachsen und nach einem Nest darin haben sie dann auch gesucht. Jesus hatte ihnen das gut beigebracht, denke ich."

55 Manchmal sind wir stumm
(Wollfadenspiel)

Zielvorstellung:
Auf der Spur der Erzählung einer neutestamentlichen Stummenheilung sollen die Kinder über Wollbildszenen die Übertragung in unsere heutigen Situationen erkennen.

Biblischer Bezug:
„Die Tauben macht er hörend und die Sprachlosen redend ..." (Markus 7,31-37b)

Altersempfehlung:
ab 12 Jahre

Situation:
Den Kindern ist die Heilungsgeschichte eines Taubstummen nach Markus 7 erzählt worden.

Materialien:
Papier und Schreibzeug, Tafelanschrieb, bunte Wollfadenreste, einfarbige Teppichfliesen

Möglicher Ablauf:
a) Wir lesen gemeinsam (mehrmals laut!) den Tafelanschrieb:
    „Jesus einst den Stummen heilte,
    der war froh.
    Herr, wenn ich wie stumm oft bin,
    hilf mir ebenso."
b) Wir erinnern uns an den Heilungstext aus dem Markus-Evangelium und überlegen, ob es ein Stumm-Sein mit heilen Stimmorganen bzw. ein Taub-Sein mit gesunden Hörorganen geben kann.
c) In Kleingruppen erzählen sich die Kinder erlebte Situationen, die zum Gebetssatz an der Tafel passen.

(Vielleicht werden Beispiele genannt, in denen eigentlich ein gutes, gerechtes Wort über einen Kameraden, eine Kameradin hätte gesagt werden müssen, zumal so viele Schlechtes zusammengetragen hatten. Oder: Über den Glauben wurde gespottet, doch wir zogen es vor zu schweigen etc.)

d) In Wollfaden-Technik legen die Kinder einige dieser bedrückenden Situationen auf Teppichfliesen.

e) Die Bilder werden in eine kleine Abfolge gebracht. Nach jeder gezeigten Szene und einigen deutenden Worten über diese Situation sprechen alle gemeinsam den obigen Gebetsvers (Tafelanschrieb).

f) Da Fadenbilder veränderbar sind, öffnen wir jeweils einer dargestellten Person sichtbar den Mund! Wie weit muss nun auch die Gesamtdarstellung abgewandelt werden, weil jetzt anders „reagiert" wird?

56 Jesu Einzug in Jerusalem
(Stegreifhörspiel/Reportage)

Zielvorstellung:
Die Kinder sollen mit Einfühlungsphantasie die Straßensituation beim Einzug Jesu in Jerusalem nachempfinden. Sie sollen im Nachgestalten unterschiedlicher Meinungen erkennen, dass Jesus eine umstrittene Persönlichkeit war.

Biblischer Bezug:
„Und als er zu Jerusalem einzog, erregte sich die ganze Stadt und sprach: ,Wer ist der?'" (Matthäus 21,10)

Altersempfehlung:
ab 11 Jahre

Situation:
Die Klasse oder Gruppe kennt den Text vom Einzug in Jerusalem nach Matthäus 21.

Materialien:
Kassettenrekorder mit eingebautem Mikrophon, möglichst Batterie-betrieben zum besseren Herumreichen unter mehreren Kindern.

Möglicher Ablauf:

a) Wir einigen uns, wer den/die Rundfunkreporter/in spielen soll. Sodann vergegenwärtigen wir uns die „Straßensituation". Vielleicht unterscheiden wir folgende Passantengruppen:
   - Leute, die Jesus gut kennen und bewundern.
   - Leute, die Jesus überhaupt nicht kennen.
   - Passanten, die Jesus für einen seltsamen Mann halten, über den sie nur den Kopf schütteln.
   - Priester und Schriftgelehrte, die sich über ihn ärgern, ihn für gefährlich halten.
   - Jünger Jesu, die mit Jesus einziehen und über den Empfang staunen.

b) In Kleingruppen kann jede Passantengruppe kurz beraten, was sie ungefähr antworten will, wenn die Reporterfrage an sie ergeht: „Was halten Sie von diesem Mann dort auf dem Esel?"

c) Ehe die Reportage beginnt, erproben wir zunächst das Gestalten der Straßengeräusche und der vielen herandrängenden Menschen. (Dieser atmosphärische Hintergrund darf aber nicht zu laut sein, sonst leidet die Verständlichkeit der direkten Gespräche am Mikrophon.) Nach einigen akustischen Vorversuchen kann die Stegreifreportage beginnen.

d) Wir hören unseren Kassettenversuch und werten ihn inhaltlich. Ob es so gewesen sein mag? Am Schluss könnte nochmals der bis heute aktuelle Vers 10 (siehe oben) verlesen werden.

Ergänzender Werkstatt-Bericht:

In einer kirchlichen Jungschargruppe entstand eine Stegreif-Reportage, deren erster Teil hier als Anregung wiedergegeben werden soll:

Reporter: „Meine Damen und Herren! Wir melden uns heute aus den Straßen Jerusalems. Zum Fest sind Gäste aus vielen Ländern hierher gekommen, es ist ein großes Gedränge in den Straßen. Ich kann kaum mein Mikrophon festhalten. Ein Mann auf einem Esel ist hier eben vorbeigeritten, manche rieten ihm begeistert zu, grüßten ihn wie einen König. Vielleicht hören Sie, liebe Hörer, noch die Hosianna-Rufe im Hintergrund. Ich versuche mal ein paar Leute zu befragen – Was sagen Sie zu diesem Mann auf dem Esel?"

Passant 1: „Keine Ahnung, keine Ahnung, furchtbar dieses Gedränge, ich habe gar nichts gesehen, ich bin ja etwas klein."

Passant 2: „Doch, doch, ich habe ihn für einen Moment sehen können, aber warum die Leute so jubeln, das ist ein ganz einfacher Mann, so ein Wanderprediger, ach, die Leute sind schnell mal begeistert."

Reporter:	„Sie will ich auch mal fragen: Was halten Sie von diesem Mann, Jesus soll er heißen!?"
Passant 3:	„Genau, der heißt Jesus, neulich hab ich ihn reden hören. Da vergisst man alles, stundenlang hab ich zugehört."
Passant 4:	„Ja, reden kann er, aber das ist mir alles zu fromm. Wenn er so etwas wie ein König werden will, dann soll er mal die schlimmen Römer aus dem Land jagen."
Reporter zu einem der begleitenden Jünger:	„Jetzt frage ich mal Sie, ich sah Sie neben dem Esel und ganz dicht bei diesem Jesus gehen. Was ist dieser Jesus für ein Mann?"
Jünger:	„Über zwei Jahre bin ich mit Jesus durchs Land gezogen. Ich bin begeistert von ihm, echt! Alles hab ich seinetwegen aufgegeben, meinen Beruf, mein Haus. Er ist ein Gottesmann, sein neues Reich wird kommen, bestimmt!"
Reporter zu einem Schriftgelehrten:	„Und was denken Sie von Jesus. Viele jubeln ihm zu, Sie aber gucken echt kritisch, warum?"
Schriftgelehrter:	„Wir machen uns Sorgen, der Mann macht Unruhe, zu viele laufen ihm nach. Auf uns hören die Menschen nicht mehr. Wir müssen irgendetwas unternehmen. Ärgerlich, wie die Leute ihn empfangen, sehr ärgerlich!"
Reporter:	„Meine Hörerinnen und Hörer, Sie merken, die Meinungen über diesen Jesus sind geteilt, aber ich will noch weiter fragen, ich melde mich später wieder."

(Hier wurde die Stegreifreportage unterbrochen. Wie vorher verabredet, sollten Reporter und Zu-Befragende wechseln, andere Kinder rückten nun „mit kleinen Hauptrollen" näher an das Aufnahmegerät ...)

57 Von Petrus und dem Hahn
(Erzählpantomime)

Zielvorstellung:
Die Kinder sollen durch Hören und Spielen der Ballade tiefer in die biblische Geschichte eindringen als beim bloßen Erzählen. In ihnen sollen haftende Erfahrungen möglich werden, innere Bilder, die vielleicht Spuren hinterlassen.

Biblischer Bezug:
„Er aber sprach: Petrus, ich sage dir, der Hahn wird heute nicht krähen, ehe denn du dreimal verleugnet hast, dass du mich kennst ..." (Lukas 22,31-34 und 22,54-62)

Altersempfehlung:
ab 7 Jahre

Situation:
Die Kinder kennen bereits die Verleugnungsgeschichte.

Materialien:
Zum Andeuten von Kostümen sind einige Tücher nötig, ferner als Spielvorlage die nachstehende biblische Ballade[33]:

	Was macht der Hahn, was macht der Hahn
	dort auf dem Kirchturmdach?
	Er dreht sich leis, er dreht sich leis,
	dreht sich dem Winde nach!
Sprechchor:	Schaut ihn euch an, den Hahn, von dem ich sag,
	hört, was geschieht, wie's Petrus gehen mag!
	„Dein bester Freund, dein bester Freund
	bleib ich, Herr, ganz gewiss!"
	Doch in der Nacht, doch in der Nacht
	Petrus der Mut verließ.
Sprechchor:	Schaut ihn euch an ... (wie oben)
	„Gib es doch zu , gib es doch zu,
	mit Jesus sah ich dich",
	so sprach die Magd, so sprach die Magd,
	und Petrus fürchtet sich.
Sprechchor:	Schaut ihn euch an ... (wie oben)
	„Ich kenn ihn nicht, ich kenn ihn nicht",
	so rief erschrocken er.
	Da kräht der Hahn, da kräht der Hahn,
	und Petrus weinte sehr.
Sprechchor:	Schaut ihn euch an ... (wie oben)
	Es war geschehn, es war geschehn,
	und Jesus sah ihn an,
	doch er verzieh, doch er verzieh,
	was Petrus hat getan.
Sprechchor:	Schaut ihn euch an ... (wie oben)

a) Wir lesen oder hören die Ballade, nach wenigen Strophen können alle den Chorus mitsprechen.
b) Wir klären, wie viele handelnde Personen wir für eine Erzählpantomime benötigen. Vier Hauptrollen schälen sich heraus:
   - der Hahn,
   - Petrus,
   - Jesus,
   - die Magd.
   Wichtig sind auch mehrere Kinder, die das Feuer pantomimisch darstellen. Vielleicht mögen einige Kinder auch die Mauer aus Mitspielern sichtbar machen, so ist der szenische Spielraum gut abgegrenzt.
c) Nun verteilen wir die Spieltücher, vielleicht hat der Hahn Vorzug, er soll farblich auffallen. Da Feuer vielfarbig dargestellt werden kann, ist hier eine Einengung auf gelb-rot vielleicht zu vermeiden. Auch können Arm-, Hand- und Fingerbewegungen allein (ohne Tücher) überzeugend das Auflodern und Niederbrennen des Feuers imitieren. (Während einmal das Feuer sehr stark auflodert, erkennt die Magd den Petrus.)
d) Abgesehen von der Szene des Versprechens zu Beginn kann die Jesusfigur im Hintergrund bleiben. (Aus einem zusammengedrehten Tuch kann eine Fessel um seine Hände angedeutet werden.)
e) Nun kann, parallel zum Text, das wortlose Spiel beginnen.
f) In einem Auswertungsgespräch könnte es sich vor allem lohnen, der Frage nachzugehen, wie die Kinder sich den Blick Jesu (Lukas 22,61!) vorstellen. Gewiss ist es kein vorwurfsvoller Blick. Jesus lässt Petrus nicht fallen, nach Ostern beauftragt er ihn mit dem „Hirtenamt".

58 Nein, ich kenne ihn nicht
(Sprechspiel)

Zielvorstellung:
Die Kinder sollen sich in die Gestalt des Petrus hineinfühlen. Über Übungen, den Satz „Nein, ich kenne ihn nicht" unterschiedlich zu sprechen, bald ängstlich stotternd, bald ungehalten oder ausweichend, sollen sie erahnen, dass es sich lohnt, den Gefühlshintergrund der sprechenden Person herauszufinden: Hat hier jemand Angst und versucht sie zu verstecken?

Biblischer Bezug:
Matthäus 10,32 und 26,69-75

Altersempfehlung:
ab 9 Jahre

Situation:
Die Klasse oder Gruppe kennt die Verleugnungsgeschichte bereits und hat einige Erfahrung im Gestalten von Stegreifspielen oder Hörspielen.

Materialien:
Ein möglichst Batterie-betriebener Kassettenrekorder mit eingebautem Mikrophon

Möglicher Ablauf:
a) Die Klasse oder Gruppe erinnert sich an den Ablauf der Verleugnungs- geschichte (Matthäus 26) und die Reaktionen des Petrus.
b) Um uns vorzustellen, wie der Petrus-Satz „Nein, ich kenne ihn nicht" vielleicht geklungen haben mag, reichen wir einen aufnahmebereiten Kassettenrekorder herum; so können die Kinder versuchen, diesen Satz unterschiedlich zu sprechen, bald ängstlich stotternd, bald ärgerlich etc.
c) Im Vergleich der kurzen Aufnahmen kann entdeckt werden, dass zwi- schen dem Klang und Ausdruck und unserer Körperhaltung ein Zusam- menhang besteht.
   In neuen Versuchen sprechen wir den Satz zum einen stehend erregt, zum anderen gemütlich sitzend.
   Auch unsere Mimik hängt mit dem Sprechausdruck zusammen.
d) Spricht ein Kind den Petrus-Satz in gespielter Ruhe, so können wir eine andere Sprechmelodie an die Tafel malen und einen anderen Sprech- rhythmus nachtrommeln, als klänge der Satz wütend und erregt.
e) Zum Abschluss lesen wir den Matthäus-Text mit verteilten Rollen; gewiss ist uns die Gestalt des Petrus, der sich selbst überschätzt hat, nun sehr viel näher gekommen.

Variationen/Ergänzungen:
a) Wir stellen unterschiedliche Statuenbilder zu Petrus dar. Welcher Körper- ausdruck passt zu einigen unserer Kassettenaufnahmen des Satzes „Nein, ich kenne ihn nicht"?
b) Wir führen in unserer Phantasie die Verleugnungsgeschichte weiter: Ein nächtlicher Monolog des traurigen Petrus, der vielleicht in ein Ge- bet mündet, wird von uns „erfunden".

59 Jesus erzählt vom unfruchtbaren Feigenbaum

(Textpuzzle- und Titelspiel)

Zielvorstellung:
Schon vertraut mit biblischen Aussagen, in denen Bäume und Menschen verglichen werden, sollen die Kinder hier erkennen, dass jedem von uns begrenzte Zeit zugemessen wird.

Biblischer Bezug:
Gleichnis vom Feigenbaum (Lukas 13,6-9)

Altersempfehlung:
ab 12 Jahre

Situation:
Die Gruppe oder Klasse kennt bereits Texte wie Daniels Satz an Nebukadnezar „Der Baum bist du!" (Daniel 4) und Psalm 1,3 als Positivbild.

Materialien:
Biblische Nacherzählung und Titelwahlzettel, in ausreichender Zahl kopiert:
„Jesus sagte ihnen dies Gleichnis: Es hatte einer einen Feigenbaum, der war in einem seiner Weinberge gepflanzt. Als er kam und an diesem Baum Frucht suchte, da fand er keine. So sprach er zu seinem Weingärtner: ‚Drei Jahre hindurch bin ich nun jedes Jahr gekommen und habe an diesem Feigenbaum Frucht gesucht. Ich fand sie nicht. Hau ihn ab, was soll er weiter das Land hindern.' Der Gärtner aber sprach: ‚Herr, lass ihn noch dies Jahr. Ich will um ihn graben und ihn düngen, ob er dann wohl Frucht bringt. Wenn nicht, dann hau ich ihn ab.'" (Nach Lukas 13,6-9)

Möglicher Ablauf:
a) Allein oder in Zweierteams versuchen die Kinder das Gleichnis zusammenzusetzen, von dem sie auseinandergeschnittene Textstreifen erhalten haben (vgl. dazu im Kapitel „Spielrepertoire", Seite 34).
b) Das fertige Textpuzzle wird verlesen, etwaige Puzzle-Fehler korrigiert.
c) Wir erinnern uns an andere Bibelaussagen mit dem Vergleich zwischen Baum und Mensch. Im Gespräch versuchen wir zu klären, welcher Gedanke hier im Vordergrund steht.

d) Neben dem Ernst der zugemessenen Zeit fällt aber gewiss das Eintreten des Gärtners für den Baum (den Menschen) auf. Intensive Zuwendung, besondere Mühe werden versprochen.

e) Inwieweit können wir Jesus hinter dieser Gärtnergestalt sehen?

f) Vielleicht kann in einer abschließenden Umsetzung des Gleichnisablaufs in eine Pantomime gerade die Fürsprecher- und Fürsorge-Haltung des Gärtners deutlich werden.

g) Nun könnten die vorbereiteten „Titelwahlzettel" verteilt werden. Die Kinder wählen ihren Wunschtitel aus und begründen ihre Wahl:

1. Ein Jahr als letzte Frist
2. Nun wird es Ernst!
3. Zeit, die genutzt werden soll
4. Von der Fürsprache des Gärtners
5. Naht ein trauriges Ende?
6. *Eigener Vorschlag:*

....

IV. Erfahrungskreis 4:
Wege zu den großen Festen entdecken
(Spiele rund um Advent und Weihnachten, Passion und Ostern, Pfingsten und Erntedank)

60 Welches Fest wird hier gefeiert?
(Stegreifspiel mit und ohne Dialoge)

Zielvorstellung:
Die Kinder erinnern sich an Feste, die ihnen etwas bedeuten oder gut im Gedächtnis geblieben sind. Sie freuen sich auf das nächste Jahr, wenn diese Familienfeste, seien es nun religiöse oder familiäre, wiederkehren.

Biblischer Bezug:
„Vergiss nicht, was ER dir Gutes getan hat ..." (Psalm 103,2)
„Das sind die Feste des Herrn, die ihr heilig und meine Feste heißen sollt ..." (3. Mose 23,2b)

Altersempfehlung:
ab 6 Jahre

Materialien:
Keine! Es sollte möglichst ohne Requisiten gespielt werden.

Möglicher Ablauf:
a) Zur Einstimmung erinnern wir uns an die Feste des Jahres, die Feste in Familie, Schule und Gruppe. Manche waren Höhepunkte des Jahres, andere enttäuschten oder wurden schnell vergessen. Manchmal begegnen wir auch Festen von Kindern anderer Weltreligionen und wurden neugierig darauf.
b) Ostervorbereitungen sind recht deutlich von Weihnachtsvorbereitungen zu unterscheiden. Es macht sicher Spaß, *ohne* Requisiten das Aufstellen und Schmücken eines Christbaumes zu spielen oder das Bemalen von Ostereiern.

Gewiss denken die Kinder aber auch an Geburtstagsfeiern, Fasching oder an die Taufe eines Geschwisterkindes ...

c) In Kleingruppen darf nun (am besten in zwei Räumen oder leise hinter einem „Raumteiler") überlegt und geprobt werden. Man entscheidet, ob mit oder ohne Sprache gespielt wird. Oder soll vielleicht nur der Name des Festes nicht ausgesprochen werden?

d) Dann spielen wir unsere Stegreif-Rätselszenen vor und versuchen zu raten.

e) Vielleicht mögen die Kinder sich auch im Nachgespräch äußern, was sie an einem Fest besonders gern mögen und was überhaupt nicht. Gelungene Feste bleiben nämlich in dankbarer Erinnerung ...

61 Wünsche und Hoffnungen vor einem Fest
(Meditatives Schreib- und Legespiel)

Zielvorstellung:
Weil uns besonders vor unseren großen Festen oft ein Trubel von Vorbereitungen ergreift, der „stille Zeit" und Einkehr erschwert, sollen sich die Jugendlichen in diesem Spiel bewusst machen, welche Bedürfnisse unsere menschliche Seele hat.

Biblischer Bezug:
„Meine Seele ist wie ein Kind, entwöhnt bei seiner Mutter ..." (Psalm 131,2b)

Altersempfehlung:
ab 10 Jahre

Situation:
Die Klasse oder Gruppe hat schon ein wenig Zugang zu Stille-Übungen und meditativen biblischen Angeboten gewonnen.

Materialien:
Die Zeichnung eines Kinderkopfes oder ein großformatiges Foto eines Kindergesichtes, sowie vorbereitete etwa 8-10 cm lang stilisierte, aus Papier ausgeschnittene Blütenformen, Schreibstifte etc.
Evtl. Kassettenrekorder mit meditativer Musik.

Möglicher Ablauf:

a) Zur Einstimmung wird an die Unruhe und Hektik vor einem großen Fest erinnert. Oft geht es dann nur um Äußerliches, aber wir leben eigentlich auch nach innen, haben seelische Bedürfnisse und Wünsche.

b) Psalm 131,2b vergleicht unsere Seele mit einem Kind, das geborgen bei seiner Mutter ist – zwar schon entwöhnt, das heißt, es kann jetzt recht unterschiedliche Nahrung zu sich nehmen, doch welche tut wirklich gut?
Ist meine Seele einem Kind ähnlich, so will ich sie nicht misshandeln, verkümmern sondern „aufblühen" lassen – gerade zu Festtagen!

c) Dem Bild des Aufblühens entsprechend könnte nun in Tisch- oder Kreismitte eine stilisierte Papierblütenform um das Kindergesicht gelegt werden. Jedes Blütenblatt wäre in einer Stillephase (vielleicht zu meditativer Musik) mit einem Wunsch, einem Bedürfnis unserer Seele zu beschriften. (Vielleicht dem Wunsch nach Zeit zum Träumen, zum Ausruhen, zum Zu-Sich-Selber-Kommen, zum Spüren der Nähe solcher Menschen, die uns Geborgenheit geben, etc.)

d) Wer sein beschriftetes Blatt in die Mitte legt, liest seinen Wunsch vor.

e) Wieder kann meditative Musik oder eine gemeinsam gesummte Melodie das Ganze ausklingen lassen. Vielleicht werden die „Wünsche" nun auch in Gebetsbitten umgeformt ...

62 Lichterspiel
(Vorweihnachtliche Meditation)

Zielvorstellung:
Die Kinder sollen Eigenschaften des Lichtes spielerisch-meditativ entdecken. Über Experiment, Spiel und Lied kann sich ihnen ein erstes Verständnis der Licht-Worte Jesu eröffnen.

Biblischer Bezug:
„Ich bin das Licht der Welt." (Johannes 8,12)
„Das Licht scheint in der Finsternis." (Johannes 1,5)
„Lasset eure Lichter brennen." (Johannes 12,35)

Altersempfehlung:
ab 7 Jahre

Situation:
Die Kinder kennen einige Jesus-Geschichten.

Materialien:
Eine große Kerze sowie einige Pressglasteegläser (einfache Warenhausqualität), in die bei mit Wasser bedecktem Boden ein brennendes Teelicht gelegt wird.

Möglicher Ablauf:
a) Eine Kerze brennt in der Kreismitte, behutsam nähern sich einzelne Kinder dem Licht, um an der Handfläche die Wärme zu spüren.
b) Vorsichtig legen wir einen „Zaun aus Händen" rund um die Kerze, wir entdecken das Durchschimmern.
c) Einige Kinder „pusten" von ihren Plätzen in Richtung Kerze, sie brennt unruhig, aber nach einer Zeit, wenn unser Blasen aufgehört hat, brennt sie wieder ruhig.
d) All diese Entdeckungen versuchen wir im Gedächtnis zu behalten, wenn wir nun pantomimisch mit etwa 5-6 Kindern versuchen Kerze zu spielen. Pantomimisch wird sie angezündet, flackert und soll dann ausgeblasen werden ...
e) Nun vergleichen wir Kerzen- und Sonnenlicht. Im Gespräch tragen wir die Unterschiede zusammen.
f) War vielleicht schon beim Nachdenken über das Sonnenlicht die Rede davon, dass darin all der sonst in der Raumluft unsichtbare Staub nun sichtbar wird, so entdecken die Kinder an einer starken elektrischen Lichtquelle weitere Unterschiede zu Sonnen- und Kerzenlicht (Blendwirkung, Ungemütlichkeit u.Ä.).
g) Jetzt wird das Licht-Lied zur Vorbereitung des nachfolgenden meditativen Lichterspiels eingeführt:

Text und Melodie: © Wolfgang Longardt [34]

1. Er - zäh - len will ich   dir   und mir, was
wir vom Licht ent - de - cken hier: Nein, ein - ge- sperrt will

es nicht sein, es will he-raus mit sei-nem Schein.

Refrain:

Lie-ber Gott, das Licht ist gut, gibt uns Freu-de,

1. F

2. F C F

Trost und Mut, Trost und Mut.

2. Erzählen will ich dir und mir,
   was wir vom Licht entdecken hier:
   Seht, wie es schimmert, sanft und schön,
   ist durch das Transparent zu sehn!
   Refrain

3. Erzählen will ich dir und mir,
   was wir vom Licht entdecken hier:
   Es blinkt und spiegelt sich sogar
   in dein' und meinem Augenpaar.
   Refrain

h) Zum leisen Summen der Licht-Lied-Melodie geben wir langsam und behutsam zwei oder drei Teegläser im Kreis herum, in denen der Boden leicht mit Wasser bedeckt ist und ein brennendes Teelicht schwimmt. Wird dieses vielfach reflektierende Licht zwischen zwei Kindergesichter gehalten (jedes der beiden Kinder schaut dem Gegenüber in die Augen), so finden sich in jedem Auge Widerspiegelungen ...

i) Weil Jesus von sich selbst als vom „Licht der Welt" gesprochen hat, erinnern wir uns an Jesus-Geschichten. Er ist zu Menschen gegangen und hat ihnen Wärme, Trost, Zuwendung gebracht: Jesus macht ihr Leben hell.
   Mit etwas Phantasie entdecken wir, zu wem wir jetzt im Dezember „Licht" bringen können.

j) Während zum Ausklang die Teegläser mit den Kerzen in die Kreismitte getragen werden, kann zum nochmaligen Singen des Lichtliedes spiralförmig durch den Raum gewandert werden, bald vom Licht weg, bald wieder zu ihm hin.

Variationen/Ergänzungen:
a) Sind genügend Teegläser und Teelichter vorhanden, so kann daraus ein Fußbodenkreuz gebildet und um diese Mitte ein Reigentanz erfunden werden.
b) Auch lohnt es mit älteren Kindern zu überdenken, inwieweit im Kommen Jesu auch Eigenschaften des „Leben spendenden Sonnenlichtes" zu assoziieren sind, – oder: Dunkelheit durchbrechendes Scheinwerferlicht?

63 Wie das Licht sich ausbreitet
(Adventliches Wollfadenspiel)

Zielvorstellung:
Ausgehend von natürlichen Beobachtungen am sich ausbreitenden und widerspiegelnden Licht sollen die Kinder entdecken, wie Licht und Freude des Advents sich ausbreiten können.

Biblischer Bezug:
„Das Volk, das im Finstern wandelt, sieht ein großes Licht ..." (Jesaja 9,1)
„Lasset eure Lichter brennen ..." (Lukas 12,35)

Altersempfehlung:
ab 8 Jahre

Materialien:
Eine große Kerze, Gläser, bunte Wollfadenreste, flache Wassergefäße zum Anfeuchten der Fäden, Teppichfliesen, möglichst einfarbig.

Möglicher Ablauf:
a) Die Gruppe oder Klasse beobachtet im möglichst abgedunkelten Raum, wie das Licht einer brennenden Kerze sich rund herum ausbreitet. In Gläsern, die wir um das Licht herumstellen, beobachten wir das Durchscheinen und Widerspiegeln des Lichtes – auch in unseren Augen, sobald wir nahe genug an die Kerze herantreten.

b) Auf unseren Teppichfliesen wollen wir mit angefeuchteten Fäden darstellen, wie Licht sich im Dunkeln ausbreitet:
- Sehr helle und nach außen jeweils etwas dunklere Fadenkreise wer-
den um das Licht gelegt.
- Auch kann dargestellt werden, wie das Licht sich spiegelt und dadurch „vermehrt".
- Vielleicht wollen die Kinder, nach einer kleinen Gesprächsrunde:
„Wie unser Adventslicht sich vermehren kann", Fadenbilder legen,
auf denen dargestellt ist, wie an einer Kerze immer weitere angezündet werden können.
- Auch könnten Kinder dargestellt werden, die sich aufmachen, um
brennende Adventslichter zu anderen zu tragen, Alten, Kranken,
Einsamen Freude bringend.
- Da auf einer Fliese meist nur eine Person dargestellt wird (anderenfalls gerät alles zu klein und unansehnlich), beginnt, nachdem etwa
auch Häuser, Türen, Kranke etc. dargestellt sind, auf dem Boden ein
„Schiebespiel": Aus den einzelnen Bildfliesen schieben wir ein großes Fußbodenbild zusammen, wie sich Freude und Licht des Advent
verbreiten können – auch durch uns.
- Ist das große Fadenbild fertig, hören wir ein biblisches Lichtwort
(siehe oben) und singen zum Schluss ein Licht-Lied (vielleicht „Tragt
in die Welt nun ein Licht").

64 Von Türen und Menschen
(Pantomimisches Spiel)

Zielvorstellung:
Die Kinder sollen erkennen, dass nicht nur Türen sich öffnen und schließen können, sondern auch Menschen. Damit kann im pantomimischen
Spiel und deutendem Nachgespräch ein tieferes Verständnis von Weihnachten angebahnt werden.

Biblischer Bezug:
„Machet die Tore weit und die Türen in der Welt hoch ..." (Psalm 24,7)

Altersempfehlung:
ab 10 Jahre

Situation:
Den Kindern ist das Geschehen in Betlehem und die Herbergsnot bekannt.

Materialien:
keine

Möglicher Ablauf:
a) Zur Einstimmung erinnern wir uns an unterschiedliche Türen in unserer Umgebung. Wir versuchen sie und ihre Benutzung in pantomimischen Kurzszenen darzustellen. (Von der automatischen Schiebetür über Drehtüren und große Flügeltüren haben die Kinder Freude an diesen Übungen und bringen ihre Erfahrungen ein.)
b) Wir erinnern uns an den Weg Jesu, auf dem so manche Ablehnung an Türen sich ereignet hat. Die Herbergen in Betlehem waren voll, nur eine Notunterkunft fand sich.
Auch später erlebte Jesus mit seinen Jüngern, dass Türen verschlossen blieben (vgl. dazu Lukas 9: „die ungastlichen Samariter" u.Ä.). Wir spielen einige dieser Szenen pantomimisch nach.
c) Auch Menschen können sich verschließen oder öffnen. Wir erfinden pantomimische Darstellungen wie:
   – im Kummer sich verschließen
   – vor Angst sich verschließen
   – vor Misstrauen sich verschließen
   – voller Neugier sich öffnen
   – in Wiedersehensfreude sich öffnen etc.
d) Zum Abschluss versuchen wir Psalm 27,4 (siehe oben) darzustellen. Ob es zum „königlichen Einzug" besondere Türen werden, groß, weit offen und geschmückt? (Was könnten wir dazu singen?)

65 Nahe bei den Tieren
(Fadenbildspiel)

Zielvorstellung:
Die Kinder sollen sich in das Geschehen von Betlehem hineinspüren und selbst Krippen und Stallszenen spielend nachgestalten.

Biblischer Bezug:
„Ein Ochse kennt seinen Herrn und ein Esel die Krippe seines Herrn ..."
(Jesaja 1,3)
„... und sie legte ihn in eine Krippe; denn sie hatten sonst keinen Platz in
der Herberge." (Lukas 2,7b)
„Und es waren Hirten in derselben Gegend, ... die hüteten des Nachts ihre
Herden ..." (Lukas 2,8)

Altersempfehlung:
ab 7 Jahre

Materialien:
Bunte Wollfadenreste, flache Wassergefäße zum Anfeuchten der Fäden,
möglichst einfarbige Teppichfliesen als Arbeitsgrundlage.
Als Inhaltsvorlage das nachstehende Gedicht:

> Nahe bei den Tieren, still und kaum erkannt,
> ward ein Kind geboren, das uns Gott gesandt.
> Nahe bei dem Ärmsten unter'm Sternenlicht
> ward ein Kind geboren, viele sah'n es nicht.
> Hirten von den Feldern knien nieder nun,
> sehen ihren Retter in der Krippe ruh'n.
>
> (Wolfgang Longardt)

Möglicher Ablauf:
a) Wir lesen das kleine Gedicht und überlegen, was wir dazu darstellen
können. Auf jede Teppichfliese kommt in der Regel eine Figur, aus
Fäden gelegt. Vielleicht wird aber die Krippe mit Maria auf einer Fliese
zusammengestaltet. Joseph, Tiere, Hirten etc. können dann auf Einzel-
fliesen entstehen. Somit sind sie „schiebbar". Josef kann näher kommen, kann sich entfernen, um zu sehen, wessen Schritte von draußen
näher kommen etc.

b) Sind unsere Fadenbilder fertig, kann zum erneuten langsamen Lesen
des Gedichtes Zug um Zug unsere Weihnachtsszene entstehen. Sind die
„Hirtenfliesen" auch herangeschoben, summen wir vielleicht eine bekannte Weihnachtsmelodie, ehe die Hirten sich wieder auf den Weg
machen.

c) Am Ende könnten die Fliesen mit Ochs, Esel und anderen Stalltieren
wieder näher an die Krippe rücken: Alle Kreatur darf am Kommen Jesu
Anteil haben.

66 Musik an der Krippe

(Bastel- und Prozessionsspiel)

Zielvorstellung:
Die Kinder sollen sich mit Einfühlungsphantasie in eine erfundene Betlehemsituation hineinfühlen: Kinder kommen und musizieren für Maria, Joseph und das Jesus-Kind.

Biblischer Bezug:
„Ich verkündige euch große Freude ...“ (Lukas 2,10b)
„Da sie es aber gesehen hatten, breiteten sie das Wort aus ...“ (Lukas 2,17-18)

Altersempfehlung:
ab 6 Jahre

Situation:
Den Kindern ist die lukanische Weihnachtsgeschichte erzählt worden.

Materialien:
Viel Zeitungspapier, viel Bindfaden, einige Tücher für die angedeutete Kostümierung der Maria- und Joseph-Darsteller

Möglicher Ablauf:
a) Wir erinnern uns daran, dass die Hirten weitererzählt haben, was in Betlehem geschehen ist und was sie im Stall gesehen haben.
b) Vielleicht haben auch Kinder von Betlehem davon gehört und nun wollen sie dem neugeborenen Kind, Maria und Joseph ihre Mitfreude zeigen, indem sie als Kinderkapelle ein „Ständchen“ spielen. Da viele Sechsjährige noch kein Instrument spielen, basteln wir rasch sogenannte „Als-Wenn-Als-Ob-Instrumente“ aus zerknülltem Zeitungspapier und Bindfäden. Auf diesen Instrumenten wollen wir dann im Spiel zum Stall ziehen und zum Gratulieren ein „Ständchen“ spielen.
c) Rasch beginnt das Basteln: Zeitungen werden zusammengerollt und mit Schnur umwickelt als Spielflöten; Mundharmoniken entstehen aus zusammengedrücktem und umwickelten Papier, ebenso Trommeln oder Trompeten etc.
d) In einer Raumecke sollen Stall und Krippe improvisiert werden, dort sitzen Maria und Joseph. Beide hören: Musikanten kommen ...
e) In fröhlicher Prozession ein Weihnachtslied summend und Finger und Hände pantomimisch bewegend, nahen die Flötisten, Trompeter, Trommler etc.

f) Vielleicht legt „Joseph" den Finger mahnend auf den Mund, weil das Kind jetzt schläft. Sofort „spielen" alle leise und besonders zart. (Ob sie auch nach dem Namen des Kindes fragen?)

g) Auf dem Rückweg aber spielen sie doppelt laut, alle sollen ihre Freude hören ...

67 Das Kind von Betlehem lädt zum Frieden ein
(Sprechspiel)

Zielvorstellung:
Die Kinder sollen erkennen, dass die Weihnachtsbotschaft auf geteiltes Echo trifft. Das war damals so, das ist heute noch so. Viele können es sich nicht vorstellen, dass mit der Geburt eines wehrlosen Kindes sich vieles verändern kann. Die Kinder sollen sich in Menschen hineinspüren, die zum einen voller Skepsis sind, zum anderen voller Hoffnung und Freude.

Biblischer Bezug:
„Uns ist ein Kind geboren ... und er heißt Wunderbar, Rat, Kraft, Held, Ewig-Vater, *Friedensfürst.*" (Jesaja 9,6)

Altersempfehlung:
ab 9 Jahre

Situation:
Die Kinder kennen sowohl alttestamentliche Verheißungen (wie Jesaja 9) als auch die lukanische Weihnachtserzählung.

Materialien:
Ein möglichst Batterie-betriebener Kassettenrekorder mit eingebautem Mikrophon.

Möglicher Ablauf:
a) Die Klasse oder Gruppe liest möglichst leise den an die Tafel oder auf eine Pappe geschriebenen Satz: „Das Kind von Betlehem lädt zum Frieden ein."
   Könnte ein Fragezeichen oder ein Ausrufezeichen statt des Punktes stehen? Was sind das für Menschen, die das laut mit einem Ausrufezeichen sprechen oder rufen? (Damals etwa die heimkehrenden, glücklichen Hirten?) Wer könnte das mit Fragezeichen sprechen? (Menschen, die noch nichts Genaues wissen? Oder heutige Menschen, die Jesus kaum kennen?) Damals wie heute gibt es auch Spötter, die über einen Friedenskönig im Stall nur lachen!
b) Noch ist der Satz nicht ein einziges Mal „hörbar" gesprochen worden. Wenn nun der Kassettenrekorder herumgegeben wird (natürlich „aufnahmebereit"!), dann kann sich jedes Kind aussuchen, ob es den Satz mit Fragezeichen oder Ausrufezeichen sprechen möchte.
c) Nach dem Abhören und ersten Vergleichen der Aufnahmen bekommen die Kinder den Hinweis, dass unsere Körperhaltung, unser Gesichtsausdruck mit dem Sprechklang zusammenhängen. Einer, der vor Freude aufgesprungen ist und gleich zum Weitersagen loslaufen will, spricht anders als ein Missgelaunter oder einer, der spöttisch abwinkt.

68 Gesichter an der Krippe
(Weihnachtliches Collagenspiel)

Zielvorstellung:
Mit all ihrer Einfühlungsphantasie sollen die Kinder aus Zeitungen ausgeschnittene Gesichter „von heute" rund um das Kind von Betlehem setzen

und passend zum jeweiligen Gesichtsausdruck erfinden: „Was über dieses Kind wohl gedacht wird."

Biblischer Bezug:
„Lasst uns nun gehen gen Betlehem und die Geschichte sehen ..." (Lukas 2,15b)
„Und alle, vor die es kam, wunderten sich der Rede, die ihnen die Hirten gesagt hatten ..." (Lukas 2,18)
„... da kamen die Weisen vom Morgenland nach Jerusalem und sprachen: ‚Wo ist der neugeborene König der Juden?' ..." (Matthäus 2,1-2)

Altersempfehlung:
ab 10 Jahre

Situation:
Die Weihnachtserzählungen nach Lukas und Matthäus sind den Kindern bekannt.

Materialien:
Für die Collagenmitte ist eine schlichte Krippendarstellung, wie sie um die Weihnachtszeit überall erhältlich ist, nötig, ferner Klebstoff, Zeitschriften, Scheren, Papier, Stifte.

Möglicher Ablauf:
a) Vielleicht beginnen wir mit einer einführenden Gesprächsrunde: „Ein Neugeborenes wollen viele sehen" – vor allem Verwandte und Nachbarn erscheinen. Davon können so manche Kinder erzählen.
b) Damals, in Betlehem, kamen sehr unterschiedliche Leute, um das Kind zu sehen, – manche, um es zu ehren und anzubeten (Hirten, Weise, aber auch vielleicht Menschen aus Betlehem wie der Herbergswirt und dessen Familie etc.). Was mögen sie beim Anblick des Kindes gedacht haben?
c) Wir wollen den Sprung in unsere Zeit tun: Gesichter von heute um die Krippe kleben. (Aus Zeitschriften schneiden die Kinder Gesichter aus – vorher haben wir uns über ein „Mindestformat" geeinigt.)
d) Wenn alle Gesichter rund um das Kind von Betlehem geklebt sind, beginnt die eigentliche Phantasiespiel-Phase. Wie in Comic-Darstellungen sollen Sprechblasen erfunden, beschriftet und an die Münder der Gesichter geklebt werden: „Was denken wohl dieser Mann, diese Frau, dieses Kind über den in Betlehem Neugeborenen?"
e) Ob wir nach einem Auswertungsgespräch vor unserer ungewöhnlichen Collage noch ein Weihnachtslied singen?

146

69 Wenn alle auf einen zeigen

(Pantomimisches Schattenspiel)

Zielvorstellung:
Die Kinder sollen zum einen den neutestamentlichen Szenen der Verspottung Jesu im pantomimischen Nachgestalten nahe kommen, zum anderen erkennen, dass solche „Passions-Situationen" auch heute in ihrem Umfeld immer wieder passieren.

Biblischer Bezug:
„... setzten eine Dornenkrone auf sein Haupt und gaben ein Rohr in seine rechte Hand, beugten die Knie vor ihm und verspotteten ihn ..." (Matthäus 27,29b)

Altersempfehlung:
ab 10 Jahre

Situation:
Den Kindern sind wesentliche Teile der Passionsgeschichte Jesu bereits erzählt worden.

Materialien:
Eine starke Lichtquelle (Diaprojektor oder Punktstrahler), weiße oder helle Wand, evtl. eine aus Zeichenkarton gefertigte Dornenkrone für den zu Verspottenden.
(Zur vergrößernden Schattenspieltechnik siehe die Ausführungen über schräge Lichtführung im Kapitel „Spielrepertoire", Seite 32.)

Möglicher Ablauf:
a) Wir erinnern uns an die Verspottungsszene Jesu, wir stellen uns mit geschlossenen Augen vor, wie wohl von allen Seiten auf Jesus gezeigt wurde.
b) Diese „inneren Bildvorstellungen" versuchen die Kinder nun umzusetzen.
c) Während in etwa 1,5 m Abstand von der Projektionswand ein Spieler mit „Dornenkrone" steht oder sitzt, erproben die anderen, wie das schräg fallende Licht ihre Arme und Hände samt ausgestreckten Zeigefingern vergrößert.
d) Dann werden Steigerungseffekte geprobt. Vielleicht beginnen wir nur mit zwei auf „Jesus" zeigenden Händen, nach und nach treten mehr und mehr hinzu (dabei sollte es im Schattenbild nicht zu Überschneidungen und Unklarheiten kommen).

e) Damals durchlitt Jesus Einsamkeit, keiner trat sichtbar und solidarisch ihm an die Seite. Wenn wir nun die Urszene ins Heute übertragen, dann wünschen wir vielleicht einen anderen Ausgang? (In Kleingruppen können Variationen erdacht werden: Kommen ein oder zwei zum Verspotteten oder Beschuldigten als helfende Freunde? Wehrt er sich selbst gegen die anderen?) Schließlich erproben wir solche Variationen im schrägen Schattenspiellicht.

f) In einem Nachgespräch erinnern wir uns, dass alle Freunde Jesu davon gelaufen waren.

Ergänzender Werkstatt-Bericht:

In einem Schulgottesdienst der Berliner Internatsschule „Schulfarminsel Scharfenberg"[35] gestalteten Schüler dreier Klassen – einer 8., einer 9. und einer 10. Klasse – Beschuldigungs- und Verspottungsszenen Jesu als Schattenspiel-Variationsreihe.

In der Darstellung der jüngsten Schüler stand zunächst nur eine mit papierner Dornenkrone ausgestattete Schülerin „als Jesus" in der Szenenmitte, als das Licht langsam aufleuchtete. (Ein Schüler zog eine Pappblende langsam seitlich von der Projektorlinse weg.)

Dazu wurden einige Verse aus Matthäus 27 gelesen. Die verspottenden Hände und Zeigefinger näherten sich am Szenen-Ende immer mehr dem Kopf mit der Dornenkrone, ehe die Darstellung dadurch abgedunkelt wurde, dass eine Pappblende langsam wieder vor die Linse des Projektors geschoben wurde.

In einer der letzten Proben der 9. Klasse meinte ein Junge nach mehreren Spielversuchen: „Ich höre richtig das „HIHIHI" der Verspotter. So entschlossen sich die Kinder auf eine Kassette einen sich steigernden akustischen Hintergrund aufzunehmen: nach vereinzeltem rhythmisiertem „HIHI" kamen immer mehr Stimmen hinzu, bis das Verspottungsgeschrei mit einem Beckenschlag beendet wurde.

Im Gottesdienst wurde die Kasssette parallel zur Schattenpantomime dieser Klasse abgespielt.

Schließlich kamen die älteren Schüler an die Reihe. Sie hatten sich aus einer CD-Einspielung der Bach'schen „Matthäus-Passion" den Choral „Ich will hier bei dir stehen ..." herausgesucht. Lautlos vollzog sich die bildliche Steigerung von zwei Händen mit ausgestreckten Fingern bis zu fünf von jeder Seite, auch sie näherten sich dem „Jesus-Darstellerkopf", der aber keine Dornenkrone trug. Die Finger gingen optisch so dicht an den Kopf, dass sie wie Dornen ihn fast berührten. Dann erstarrte die Bewegung im Bild und in allmählichem Abdunkeln der Szene erklang von der CD „Ich will hier bei dir stehen ..."

Nach den eindrucksvollen Schattenszenen schlug die Predigt den Bogen zur Gegenwart: auf jedem Schulhof kann sich solche Passions-Szene wiederholen. Treten wir einem vielleicht unschuldig Bedrängten, einem Verspotteten zur Seite?

Schließlich hatten die Jungen und Mädchen kleine Gebetssätze formuliert, die jeweils in einem Dank-Satz endeten, z.B.: „... danke, Jesus, du kennst es, wenn alle auf einen zeigen, du hast es auch durchlitten, du bleibst uns darum auch dann nahe."

70 Was geschieht, was geschieht in Jerusalem?

(Lied und Knetfiguren-Spiel)

Zielvorstellung:
Die Kinder sollen in Lied und Figurenspiel das Geschehen, wie Jesus mit seinen Jüngern zum letzten Mal vor seiner Gefangennahme zu Tisch sitzt und die Eucharistie/das Abendmahl einsetzt, singend und spielend in sich vertiefen.

Biblischer Bezug:
„Aber am ersten Tag der süßen Brote traten die Jünger zu Jesus und sprachen zu ihm: Wo willst du, dass wir dir das Osterlamm bereiten?" (Matthäus 26,17)

Altersempfehlung:
ab 7 Jahre

Situation:
Den Kindern ist der oben genannte Text bereits bekannt.

Materialien:
Knet- und Modelliermasse oder Ton, Holzbrettchen oder Pappen als Arbeitsgrundlage, sowie das nachfolgende Lied:

Text und Melodie: Wolfgang Longardt
aus: Was macht der Hahn dort? Nr. 049,
© ABAKUS Musik Barbara Fietz, 35753 Greifenstein

Refrain:

Was ge-schieht, was ge-schieht in Je-ru-sa-lem?

Je-sus gibt, weil er liebt, al-les für uns hin! *Strophen:* 1. Er saß zu

Tisch mit sei-ner Jün-ger Schar, sie sah'n auf

ihn, so wie es manch-mal war, doch vol-ler

Trau - rig-keit war Je - su Herz, er spür-te

ei - nen tie-fen, tie-fen Schmerz.

2. Er sprach: „Seht, hier bei unserm Abendmahl
sitzt mein Verräter noch bei uns im Saal,
gleich wird er gehn zu meinen Feinden hin,
denn er hat Böses gegen mich im Sinn!"

Was geschieht, was geschieht ...

3. „Wer mag es sein? So sag es uns, o Herr!"
Ein jeder Jünger fürchtete sich sehr.
„Wem ich von euch hier diesen Bissen reich,
der hat es vor und wird es tun sogleich!"

Was geschieht, was geschieht ...

4. Er gab ihn Judas, und der lief hinaus,
und schweigend saßen sie am Tisch im Haus.
„Dies Brot hier seht und auch dazu der Wein
soll Zeichen meiner großen Liebe sein.

Was geschieht, was geschieht ...

5. Und Jesus betete zum Vater leis,
sie teilten Brot und Wein im Kreis:
„Tut's oft und hört mit diesem Mahl nicht auf,
bis Gottes großes Fest einst zieht herauf!

Möglicher Ablauf:
a) Wir erinnern uns an die Geschichte vom letzten Mahl Jesu mit seinen
   Jüngern und der Kennzeichnung des Verräters.
b) Wenn wir das Geschehen in Knetfiguren, in Lied und Spiel Gestalt
   werden lassen wollen, so ist es nicht nötig, einen großen Tisch zu modellieren: Man aß auf dem Boden, trotzdem wird natürlich solch eine
   Tafel festlich geschmückt.
c) Dann führen wir das Lied ein, das den Ablauf schildert.
d) Nun legen wir fest, welche Personen modelliert werden, welche Gefäße, welcher Tischschmuck etc. Dann bauen wir alles zusammen.
e) Entsprechend dem Strophengeschehen werden die jeweiligen Knetfiguren in sparsamen Bewegungen geführt. Am Ende ist ein Platz in der
   Runde leer ...

Nachbemerkung:
Vielleicht wollen die Kinder am Ende die schön modellierte Gesamtszene
fotografieren?

71 Ein Dornenkronen-Mandala
(Lied und meditatives Overheadschattenspiel)

Zielvorstellung:
Durch ein nach und nach entstehendes, einprägsames Schattenmandala werden mehrere Passionssymbole vor den Augen der Kinder zu einer Mandala-Gestalt. Sie sollen damit gegen Ende der Passions- und Fastenzeit ein möglichst haftendes, inneres Bild der Passionsmotive gewinnen.

Biblischer Bezug:
„Musste nicht Christus solches leiden ...“ (Lukas 24,26)
„ ... gelitten unter Pontius Pilatus, gekreuzigt, begraben ...“ (Glaubensbekenntnis)

Altersempfehlung:
ab 8 Jahre

Situation:
Die Kinder kennen die wichtigsten Stationen der Leidensgeschichte Jesu.

Materialien:
Liedrefrain „Was geschieht, was geschieht in Jerusalem ...“ (siehe Seite 154), Tageslichtprojektor (Overhead) mit einer Leerfolie und einem Farbmalstift, sowie Papier zum Reißen der Symbole Hahn, Kelch etc.

Möglicher Ablauf:
a) Neben dem Hauptsymbol der Dornenkrone (Mitte unseres Mandalas) erinnern sich die Kinder an vier andere Symbole oder Motive der Passion Jesu: vielleicht Kelch, Hahn, Geißel (Peitsche), Kreuz o. Ä.
b) In Kleingruppen verteilen wir Aufgaben zum Reißen einer kleinen Dornenkrone und der anderen Symbole.
c) Um dem Ganzen eine gute Gestalt zu geben, malen wir, nachdem die gerissene kleine Dornenkrone auf der Projektionsfläche liegt, mit dem Overheadstift um die Krone vier möglichst gleichmäßige Kreise, blütenblätterähnlich.
d) Nun führen wir neu den oben genannten Liedrefrain ein oder wiederholen ihn, bis alle dies auswendig singen können. Zum langsamen Liedtempo üben wir ein langsames Aufleuchten und auch wieder Abdunkeln des Lichtes, durch Hin- und Herschieben einer Pappe vor der Linse; dabei kommt es auch zu sanften Rot-Violett-Effekten, die gewollt sind.

e) In einem steten Wechsel von Summen und Textsingen: „Was geschieht, was geschieht ..." lassen wir mit Aufleuchten und Verdämmern nach und nach alle vier Mandalaaußenkreise mit unseren Passionssymbolen Kelch, Hahn etc. füllen (jeweils im Dunkeln wird das neue Symbol aufgelegt).

72 Gib uns Augen, dass wir staunend seh'n
(Malspiel zu österlichen Verwandlungen)

Zielvorstellung:
Das Ostergeschehen soll den Kindern über das Phänomen „*Verwandlung*" nahe gebracht werden.

Biblischer Bezug:
„Du hast meine Klage in einen Reigen verwandelt ..." (Psalm 30,12)
„Was sucht ihr den Lebendigen bei den Toten? Er ist nicht hier. Er ist auferstanden ..." (Lukas 24,5b-6)

Altersempfehlung:
ab 9 Jahre

Materialien:
Das nachfolgende Lied von den österlichen Verwandlungen, sowie Tuschfarbe, Zeichenpapier, alternativ: Wachsmalstifte.

Text und Melodie: © Wolfgang Longardt

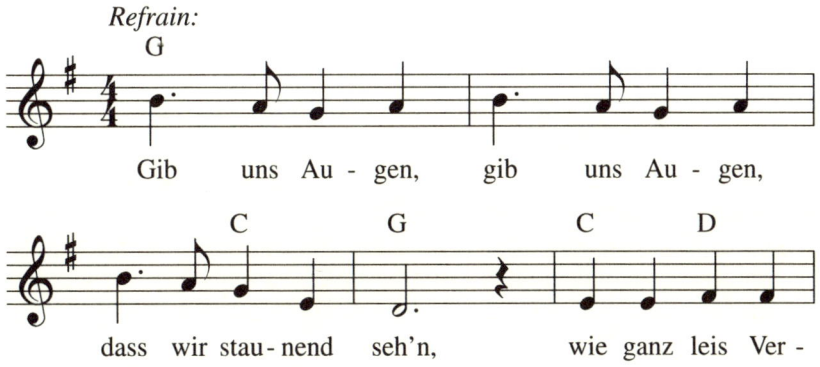

wand- lun- gen, Ver - wand- lun- gen ge - scheh'n!

Strophen:

1. Oft, da neh - men wir uns kei - ne Zeit,

(folgt Refrain)

ü - ber - seh'n so man- che Herr- lich - keit!

(folgt wieder Kehrvers oben)

2. Gott, du gibst das Licht in finst'rer Nacht,
   hast aus Samen Frucht an's Licht gebracht ...

3. Kannst die Lahmen wieder gehend machen,
   wandelst unser Weinen bald in Lachen ...

4. Manches muss ersterben und vergeh'n,
   kann verwandelt endlich aufersteh'n ...

5. Gott, du wandelst viel in unser'm Leben,
   kannst im Tod noch neues Leben geben ...

6. Osterfreude heißt: lebendig ist
   und ganz nahe uns Herr Jesu Christ ...

7. Ostern schenkt uns hoffnungsvolle Augen,
   die für uns'res Gottes Wunder taugen ...

Möglicher Ablauf:

a) In einem einleitenden Gespräch klären wir, wann wir von „verwan-
deln" und wann von „verändern" sprechen. Bei bewusstem, sorgfälti-
gem Sprachgebrauch meinen wir bei „Verändern" meist das, was wir
oder andere sich an Änderungen vornehmen (Ändern der Kleidung, der
Wohnung, des Urlaubszieles etc.). Verwandlungen aber geschehen an
uns, sie gehen tiefer: Ein Leid kann uns wandeln, eine Liebe u.Ä.

b) Nun erinnern wir uns an tiefgreifende Verwandlungen im Schöpfungs-bereich von Kaulquappen bis zu Raupen und Schmetterlingen. Aber auch jedes Samenkorn erlebt eine Verwandlung in der Erde, dafür will das Lied sensibilisieren.

c) Wir führen das Lied von den Verwandlungen ein – zunächst die Natur-strophen, dann die der Menschen im Blick auf österliche Verwandlun-gen. Nachdem der Refrain mit seinem Hinweis auf Leises erarbeitet ist, geht es an die Strophen. Zu Hinweisen auf Natur- und Schöpfungsvor-gänge wie auch auf tiefgehende menschliche Erfahrungen könnten Stro-phen-Bebilderungen entstehen. Die Kinder wählen sich Strophen, viel-leicht auch für gemeinschaftliche Gestaltungen.

d) Schließlich wächst vielleicht ein Bildfries von Verwandlungen, kleinen und großen. Oder wir legen alle Bilder zu einem Kreis und erfinden zum Refrain drumherum einen österlichen Reigentanz? Langsame Schreittanzschritte und offene Gebetsgebärden (nach oben gehobene, offene Hände) könnten die Grundelemente dieses Osterreigens wer-den.

73 Glockenspiellied zum Osterfest
(Tanz- und Pantomimenvorschläge)

Zielvorstellung:
Die Kinder sollen erkennen, dass Menschen, die sich freuen, den schwin-genden Glocken ähnlich sind. Osterfreude will unterschiedlichen Aus-drucksformen Raum geben, so sollen die Kinder Formen leiser und lauter Freude entdecken.

Biblischer Bezug:
„Maria Magdalena kommt und verkündigt den Jüngern: ‚Ich habe den Herrn gesehen ...‘" (Johannes 20,18)
„Freuet euch in dem Herrn allewege, und abermals sage ich euch: Freut euch!" (Philipper 4,4)

Altersempfehlung:
ab 7 Jahre

Materialien:
Keine außer dem nachstehenden Spiel- und Tanzlied:

Text und Melodie: © Wolfgang Longardt

Refrain:

Gro-ße Glo-cken, klei-ne Glo-cken kenn ich ja so vie-le, lau-te Glo-cken, lei-se Glo-cken, mit de-nen ich spie-le!

Strophen:

1. In der Glo-cke, wie ihr wisst, et-was sehr, sehr wich-tig ist: Oft schau ich den Klöp-pel an, wie er da-rin tan-zen kann ...

2. Hört die Botschaft, seid bereit,
   es ist wieder Osterzeit,
   ruft mit Glocken weit ins Land:
   Jesus Christ vom Tod erstand! ... *(Refrain)*

3. Unsre Osterglocke schwingt
   und vom neuen Leben singt!

Ruft mit Glocken weit ins Land:
Jesus Christ vom Tod erstand! ... *(Refrain)*

Möglicher Ablauf:
a) Wir tragen zusammen, welche unterschiedlichen Glocken und Glöckchen wir kennen. Fast alle haben in ihrer Mitte einen kleinen oder größeren Glockenklöppel; wird die Glocke bewegt, so fängt sie an zu klingen.
b) Auf sehr verschiedene Weise versuchen die Kinder pantomimisch Glocken darzustellen: allein mit zusammengeführten Händen und einem Finger darin als Klöppel, zu zweit an den Händen gefasst und jeweils auf einem Bein stehend, während die beiden anderen Beine einen schwingenden Klöppel darstellen, oder im Kreis mehrerer Kinder etc.
c) Keine Glocke kommt aus eigener Kraft in Schwingung, von außen muss ein Anstoß kommen. Wenn zu Menschen eine frohe Nachricht kommt, dann bringt sie diese in Bewegung, so war es auch Ostern: Einer sagte es dem anderen weiter. Menschen werden in gewisser Weise den Glocken ähnlich, sie tragen die Osterfreude ins Land, manche ganz leise, fast zögernd, andere laut und ansteckend froh!
d) Nun kann das Lied eingeführt werden, zu dessen Refrain wir mit den Kindern eine immer gleich bleibende Reigenform erfinden.
e) Zu den unterschiedlichen Strophen versuchen wir einige unserer vorher geprobten Bewegungsformen einzusetzen, kleinere und größere Glocken darstellend.
f) Wenn eine Glocke äußerlich ausgeschwungen ist und nicht mehr läutet, weil der Klöppel den Glockenmantel nicht mehr berührt, dann ist noch immer „Resonanz" in ihr spürbar, sie kommt erst allmählich zur Ruhe. Diese nachschwingende Resonanz könnten wir aufgreifen, indem wir den Refrainteil langsamer werdend summen und auch äußerlich mehr und mehr zum Stillstand kommen.
g) Ob wir unser Glockenspiellied vielleicht in einem österlichen Familiengottesdienst oder einem nachösterlichen Schulgottesdienst zeigen?
h) Mit einem Gebet zu den Glocken des Osterfestes könnten wir schließen:
„Herr Jesus Christus,
wie Glocken in Bewegung kommen
und weit ins Land hinein läuten,
so bring auch uns in Bewegung,
lass uns die Osterfreude,
die Nachricht von deiner Auferstehung weitertragen,
lass sie in uns auch nach Ostern
noch lange leise nachklingen. Amen."[37]

74 Jesus lebt!

(Echospiel mit einem Oster-Satz)

Zielvorstellung:
Die Kinder sollen erahnen, dass seit dem Auferstehungsereignis Jesu diese Botschaft um die ganze Welt gelaufen ist und noch heute weitergetragen wird.

Biblischer Bezug:
„Geht eilend hin und sagt es seinen Jüngern, dass er auferstanden sei von den Toten ..." (Matthäus 28,7)
„... sie verkündigten die Auferstehung Jesu von den Toten." (Apostelgeschichte 4,2)

Altersempfehlung:
ab 10 Jahre

Materialien:
Tafelanschrieb mit mehrsprachigen Fassungen des Satzes: JESUS LEBT!

Möglicher Ablauf:
a) Zur Einstimmung erinnern wir uns an die Ostergeschichte und daran, wie die Botschaft vom Auferstandenen sich ausgebreitet hat. Selbst Zweifler sprachen den Satz nach: „Wir sollen ihn nicht bei den Toten, sondern bei den Lebendigen suchen" (vgl. Lukas 24,5).
b) Von Jerusalem breitete sich die Osterbotschaft in viele Länder aus. Heute wird rund um den Erdball von Christen Ostern gefeiert, man ruft sich den Satz zu: Jesus lebt! Wir wollen das einmal versuchen nachzuspielen. Wir haben dazu an der Tafel diesen Satz in mehreren Sprachen.
c) Nach einigen Lese- und Ausspracheübungen verteilen sich die Kinder im Raum oder in der Kirche. Dem Echo gemäß wird je zweimal ein Satz in gleicher Sprache gerufen.
d) Deutsch: „Jesus lebt" ... (Echoantwort)
Englisch: „Jesus is alive" ... (Echoantwort)
Französisch: „Jesus vit toujours" ... (Echoantwort)
Schwedisch: „Jesus levar" ... (Echoantwort)
Japanisch: „Shu wa ikite imasu" ... (Echoantwort)
Kisuaheli/Afrika: „Yesus yu hai" ... (Echoantwort)
Indisch: „Jesu giwikunnu" ... (Echoantwort)
e) Vielleicht schließen wir unser Osterspiel mit einem Osterlied.

75 Was Gegner und Freunde Jesu sagen

(Zuordnungs-Spiel)

Zielvorstellung:
Die Kinder sollen sich sowohl in die Situation der kleinen Jüngerschar
Jesu als auch in die seiner Gegner und Skeptiker hineinversetzen.

Biblischer Bezug:
„... auf dass nicht seine Jünger kommen und stehlen ihn und sagen zum
Volk: Er ist auferstanden von den Toten ...“ (Matthäus 27,64b)
„Und sie erzählten, was auf dem Weg geschehen war, und wie er von ihnen
erkannt worden wäre an dem, da er das Brot brach ...“ (Lukas 24,35)

Altersempfehlung:
ab 12 Jahre

Situation:
Die Passions- und Osterereignisse sind den Kindern bekannt.

Materialien:
In ausreichender Zahl kopierte Kärtchen mit gegensätzlichen Aussagen;
Beispiele:

- „Es war höchste Zeit, die Sache mit diesem Jesus zog immer weitere Kreise!“
- „Ich kann es kaum glauben, aber immerhin hat er auf seine Auferstehung hingewiesen, uns damit getröstet ...“
- „Nun werden viele der Brüder und Schwestern auseinanderlaufen ...“
- „Wenn das stimmt, dann kriegt die Sache von Jesus noch mehr Zulauf, dann sind Gegenmaßnahmen nötig ...“
- „Ich weiß: Er hat immer gesagt, der Tod sei nicht das Letzte, aber eine Auferstehung kann ich mir kaum vorstellen.“
- „Wenn er wirklich lebt, dann können wir neuen Mut fassen, ja, sein Reich wird kommen.“
- (Man erfinde weitere Meinungen.)

Möglicher Ablauf:
a) Zur Einstimmung und als Beleg für die weitere Gegnerschaft zu Jesus
und seiner Anhängerschar wird Apostelgeschichte 9,1-2 vorgelesen.

b) Mit Einfühlungsphantasie versetzen wir uns in einen Jüngerkreis. Was wird da an Karfreitag und nach Ostern geredet? Ebenso versetzen wir uns in Kreise der Gegner und ihrer Meinungen Karfreitag und nach Ostern.

c) In Kleingruppen ordnen die Kinder die „Meinungskarten" einzelnen Gruppen und Zeiträumen zu: vor oder nach Ostern.

d) Nachdem so nochmals alle Ereignisse „vor Augen stehen", wird deutlich, welch ein Mut, welch ein Wagnis es damals bedeutete, sich weiter zur Jüngerschar zu halten!

76 Von Funken, Feuer und Flamme
(Pfingstliches Schreibspiel)

Zielvorstellung:
Über die Verstehensbrücke unserer oft so bildhaften Sprache sollen Kinder Zugang zum dynamischen Geschehen beim ersten Pfingstfest gewinnen.

Biblischer Bezug:
Feuerzungen und Sturm bei der Ausgießung des Heiligen Geistes (Apostelgeschichte 2,1-41)

Altersempfehlung:
ab 12 Jahre

Situation:
Die Kinder haben die Pfingstgeschichte kennen gelernt.

Materialien:
Wandtafel, Kreide oder Zeichenkarton (Tapetenbahn etc.) und Filzschreiber

Möglicher Ablauf:
a) Wir erinnern uns an die Feuer- und Sturmschilderungen in der Pfingstgeschichte.

b) Um die Kinder an alltägliche Redewendungen mit bildhafter Sprache von Sturm und Feuer wieder bewusster heranzuführen, wird der vorher erfolgte Tafelanschrieb mit zu ergänzenden Worten bzw. Sätzen aufgeklappt:

1. Als ich von dem phantastischen Reiseplan hörte, war ich gleich ganz ... und ...
2. Mein Freund war ... neugierig, ich musste gleich alles erzählen.
3. Zu Hause fiel ich meiner Mutter vor Freude ... um den Hals.
4. Endlich im Stadion beim großen Spiel angekommen, erlebten wir eine Riesenatmosphäre, mit Sprechchören wollten wir unsere Mannschaft ...
5. Tatsächlich half es, unsere Begeisterung spornte die Spieler doppelt an, der ... sprang über, sie siegten.

c) Nachdem die obigen Sätze ergänzt sind, versuchen wir unsere Redewendungen auf die Pfingsterfahrung des Petrus, der anderen Apostel und viele Zuhörer zu übertragen.

Ergänzender Werkstatt-Bericht:
Eine sportbegeisterte kirchliche Jungschargruppe löste verhältnismäßig schnell alle obigen Ergänzungssätze.
Dann schrieben sie „in ihrer Sprache" die Pfingstereignisse neu auf, hier einige Ausschnitte. Unter der Überschrift „Mutlose Jesusfreunde von Gottes Kraft angefeuert" begann der Zeitungsbericht so:
„Ziemlich klein war der Trupp der Jesusfreunde, nach Jesu Tod waren sie oft mutlos und ohne Schwung. Manche glaubten nicht, was von Ostern, von Auferstehung und so weiter erzählt wurde. Manche erinnerten sich noch an Worte Jesu. Er hatte versprochen, ihnen Trost zu schicken, aber davon war bisher nichts zu merken.
Dann kam der Pfingsttag, wieder waren sie zusammen. Keiner sollte sie sehen, alle Türen hatten sie fest zugemacht.
Da plötzlich staunten sie, kam Sturm auf? Ein mächtiger Wind stieß die Türen auf. War das die Kraft vom Himmel? Jetzt wollten sie sich nicht mehr bange verkriechen, plötzlich hatten sie Mut, es trieb sie nach draußen.
Petrus rief die Leute draußen zu sich, er war wie ausgewechselt, er war „Feuer und Flamme", vor allen Leuten redete er von Jesus. Der Funke sprang über, die Leute konnten nicht genug hören. Sie wollten auch zu Jesus gehören, sich taufen lassen.
Der Ansturm war groß, manche spotteten und machten Witze: ‚Petrus ist betrunken', – doch auch die anderen Apostel waren Feuer und Flamme. So hatten sie noch nie auf der Straße mutig gepredigt. Wie ein Lauffeuer ging die Sache durch Jerusalem ..."

77 Von allerlei Wind und Gottes Atem

(Wollfadenspiel)

Zielvorstellung:
Die Kinder sollen für die Kraft des Windes neu sensibilisiert werden. Es soll ihnen bewusst werden, dass wir alle durch Gottes Schöpferatem leben, seit Pfingsten weht er belebend durch die Gemeinden.

Biblischer Bezug:
„... und er blies ihm ein den lebendigen Odem." (1. Mose 2,7b)
„Und es geschah ein Brausen vom Himmel wie von einem gewaltigen Wind ..." (Apostelgeschichte 2,2)

Altersempfehlung:
ab 9 Jahre

Situation:
Den Kindern ist die Pfingstgeschichte (Apostelgeschichte 2) bekannt, ebenso die Schöpfungsgeschichte.

Materialien:
Das nachstehende kleine Lied „Wind, Wind, Wind", sowie bunte Wollfadenreste, flache Wassergefäße und möglichst einfarbige Teppichfliesen als Arbeitsflächen für die Fadengestaltungen.

Möglicher Ablauf:
a) Wir führen das Lied vom Wind ein:

Text und Melodie: © Wolfgang Longardt

1. Wind, Wind, Wind, der, ach, so vie - les schafft!
Wind, Wind, Wind, wo - her ist dei - ne Kraft?

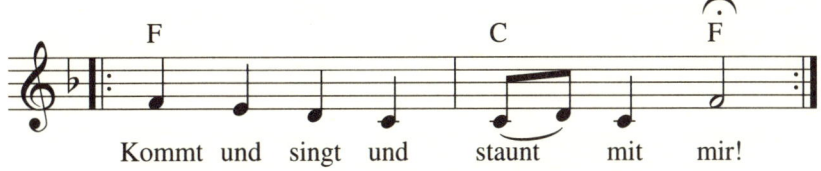

Kommt und singt und staunt mit mir!

2. Atem Gottes weht durch unsre Welt.
   Atem Gottes uns am Leben hält:
   Kommt und singt und staunt mit mir!

3. Pfingsten kam ein Sturm, so wird erzählt,
   der die Jünger nicht im Raum mehr hält,
   Gott schenkt Kraft, kommt feiert mit!

b) Die Kinder legen mit angefeuchteten Wollfäden Darstellungen zur Kraft des Windes. Besonders reizvoll ist dabei, dass Wollfadenbilder veränderbar bleiben: Weht der Wind stärker, so sieht ein Kornfeld anders aus, so schlagen Wellen höher usw.
   Ob nun auch Bilder aus der Schöpfungsgeschichte entstehen? Gott haucht dem Menschen seinen Atem ein.
   Aber der „Wind von Pfingsten" treibt die Jünger hinaus, vertreibt Angst, weckt einen Sturm von Begeisterung. So entstehen gewiss Fadenbilder vom dynamischen Geschehen damals in Jerusalem.

c) Legen wir alle fertigen Bilder auf dem Boden in einen Kreis, so können wir sie, nach einem Auswertungsgespräch, im Reigentanz „umsingen":
   Wind, Wind, Wind, der, ach, so vieles schafft!

78 Von der Kraft des Feuers

(Pantomimisches Spiel)

Zielvorstellung:
Die Kinder sollen für das Feuer als elementare Kraft sensibilisiert und an Feuer als Pfingstsymbol herangeführt werden.

Biblischer Bezug:
„Wie ein Feuer den Wald verbrennt ..." (Psalm 83,15)
„... erschienen ihnen Zungen wie von Feuer ..." (Apostelgeschichte 2,3)

Altersempfehlung:
ab 8 Jahre

Situation:
Pantomimisches Spiel ist den Kindern schon vertraut.

Materialien:
Keine (alternativ: kleine Tücher in den Farben gelb, rot, violett etc.)

Möglicher Ablauf:
a) Wir beginnen mit einem Imaginationsspiel und lassen bei geschlossenen Augen aus der Erinnerung ein Feuer, das wir einmal erlebt haben,
   vor unser inneres Auge treten.
b) Im Gespräch tauschen wir unsere Erfahrungen aus.
c) Wir wählen ein oder zwei Feuerszenen, von denen erzählt wurde, aus,
   um sie – möglichst in Kleingruppen – pantomimisch zu gestalten. Wir
   führen uns unsere kleinen Pantomimen vor und erproben Verbesse-
   rungsvorschläge.
d) Das nachstehende Lied vom Feuer wird eingeführt:

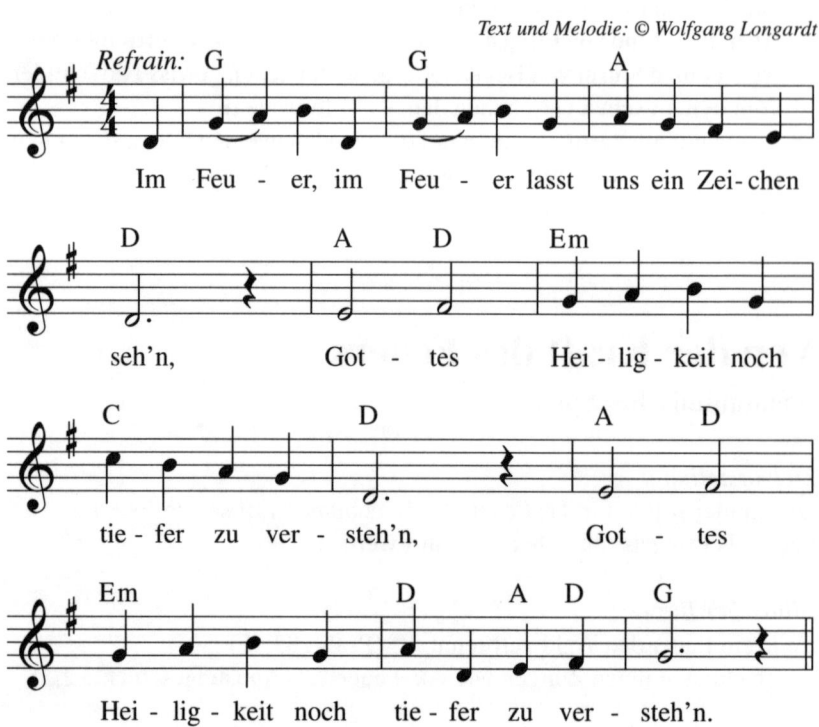

Text und Melodie: © Wolfgang Longardt

1. Oh - ne Feu - er, Wär - me, Licht
gäb es un - ser Le - ben nicht, Feu - er lockt und
lädt uns ein, kann im Dun- keln Ret - tung sein.

> 2. Feuer lodert, schmilzt und glüht,
> es verwandelt, wie man sieht.
> Feuer, das so vieles schafft,
> sagt: „Gott hat noch größ're Kraft ...“

e) Wir tauschen uns im Gespräch aus, wie zu erkennen ist, wenn Menschen „Feuer und Flamme" für etwas sind. Vielleicht nennen die Kinder Formen, wie im Sport bzw. vom Sportpublikum Begeisterung ausgedrückt wird: Aufspringen, Tanzen, Schreien, Klatschen, Einander-Umarmen, vielleicht auch das Anzünden von Freudenfeuern.

f) Pantomimisch versuchen wir Menschen darzustellen, die plötzlich – von einem Augenblick zum andern – „Feuer und Flamme" sind.

g) Wir kündigen an, dass die Kinder nun bald die Pfingstgeschichte erzählt bekommen, in denen eine Schar von Freunden Jesu „Feuer und Flamme" wird ...
Wer „Feuer und Flamme" ist, der schweigt nicht, der sagt seine Begeisterung weiter, das wird auch von Pfingsten erzählt.
Zur Einstimmung darauf singen wir heute nochmals als Abschluss das Lied vom Feuer, nun aber auch mit der Strophe, die auf die Pfingsterzählung neugierig machen soll:

> 3. Gott schenkt uns Begeisterung,
> Pfingsten gibt er Kraft und Schwung.
> Lässt uns Feuer und Flamme sein,
> sendet Boten groß und klein.

79 Helle und dunkle Erfahrungen
(Meditatives Legespiel)

Variante A: Unsere seltsame, hell-dunkle Sonne

Zielvorstellung:
Immer wieder machen wir sehr gegensätzliche Erfahrungen, wobei es zu
unserer seelischen Gesundheit und inneren Balance beiträgt, diese Erfahrungen auch auszusprechen. Kinder sollen auch gerade in der Zeit ihrer
Pubertät ermutigt werden, im Klassen- oder Gruppenverband ihre Gefühle
zu verbalisieren. Wächst dabei auch Vertrauen, so kann dies in meditativer
Weise zu ersten Klage-, Bitt- und Dankgebeten führen.

Biblischer Bezug:
„Lasset eure Bitten mit Danksagung vor Gott kund werden ...“ (Philipper 4,6)
„Er klage dem Herrn und der helfe ihm heraus ...“ (Psalm 22,9)

Altersempfehlung:
ab 10 Jahre

Materialien:
Vorher aus Karton zurechtgeschnittene dunkle und helle Pappstreifen, die
an einem Ende spitz, also strahlenförmig auslaufen sollten.

Möglicher Ablauf:
a) Zur Einstimmung wird darauf hingewiesen, dass auch alle biblischen
   Gestalten genau wie wir dunkle *und* helle Erfahrungen gemacht haben
   (David, Elia, Petrus, Paulus und natürlich Jesus). Sie alle aber nutzten
   die Möglichkeit, ihre Empfindungen vor Gott „herauszurufen“. Das
   galt für Klagen, Bitten und Dank.
b) Auf biblischer Spur wollen wir in einem meditativen Legespiel in die
   Nähe solcher Äußerungen der Klage, der Bitte, des Dankes und der
   Freude kommen.
   Helle und dunkle Strahlen, aus denen eine vielleicht seltsame „Sonne“
   (halb Karfreitags-, halb Ostersonne) entstehen könnte, liegen bereit.
   Wer eine helle, eine positive, Mut machende Erfahrung der letzten Tage
   nennen will, nennt sie uns in einem Satz und legt einen hellen Strahl in
   die Mitte. Wer eine dunkle, traurig machende Erfahrung nennen will,
   nennt sie in einem kurzen Satz und legt einen dunklen Strahl in die
   Mitte.

Helles und Dunkles kann so runde Gestalt gewinnen. Was mag überwiegen?

c) Die Gruppe oder Klasse legt nun Strahl auf Strahl und nennt jeweils
dazu eine entsprechende Erfahrung.

d) Wenn schließlich eine seltsame hell-dunkle Form entstanden ist, könnte abschließend entweder als Hoffnungswort Psalm 22,9 gelesen werden oder der oben genannte Vers aus dem Philipper-Brief. Letzter würde sich eher als Abschluss eignen, wenn helle Streifen in unserer „Sonne" überwiegen.

Variante B: Von der Karfreitags- zur Ostersonne

Zielvorstellung:
Die Kinder sollen sich mit all ihrer Einfühlungsphantasie in die unterschiedlichen Erfahrungen der Freunde und Freundinnen Jesu hineinspüren.
Weil in diesem Erlebnisbogen Leidens- und Auferstehungsbotschaft ein
Ganzes bilden, versuchen wir nicht zwei, sondern *eine* „Sonne" zu legen,
eine mit dunklen und hellen Strahlen.
Die Kinder sollen „be-greifen", dass Ostererfahrung nicht möglich ist ohne
vorherige Leidenserfahrung bis hin zum Karfreitag, an dem sich die Sonne
verdunkelte.

Biblischer Bezug:
„... und es ward eine Finsternis über das ganze Land ..." (Matthäus 27,45)
„... sehr früh, da die Sonne aufging ..." (Markus 16,2)

Altersempfehlung:
ab 10 Jahre

Situation:
Die Klasse oder Gruppe kennt Jesu Tod und Auferstehung.

Materialien:
Helle und dunkle Pappstreifen wie unter Variante A beschrieben.

Möglicher Ablauf:
a) Wir erinnern uns an das Leiden, Sterben und Auferstehen Jesu. Am
Ende stehen Ostersonne und Freude. Wir stellen uns vor, dass möglicherweise einige Freundinnen und Freunde Jesu sich wieder nach Ostern
an alles Dunkle und Helle erinnern.

Mit hellen und dunklen Pappstreifen legen wir aber nicht zuerst eine dunkle „Karfreitags-" und dann daneben eine helle „Ostersonne"; nein, wir legen beides in ein Ganzes.

Wer einen dunklen Streifen legt, sagt dazu einen Satz aus den dunklen Erfahrungen (etwa als Jesus verhaftet, geschlagen, gequält wurde), wer einen hellen Streifen legt, sagt etwas von der Osternachricht.

Wir „schlüpfen" in diesem Spiel jetzt in die Rolle der Jünger und Jüngerinnen.

b) Die Kinder legen helle und dunkle Strahlen und sprechen das passende Erlebnis dazu an:

„Ich war so traurig, als ..."

„Ich hatte große Angst, als ..."

„Ich konnte es vor Freude kaum glauben, als ..."

„Ich wollte es vor Freude gleich allen weitersagen, dass ..."

80 Ich, die Sonnenblume

(Liederspiel zum Erntedankfest)

Zielvorstellung:
Am Beispiel der Blumen jedes neuen Sommers sollen die Kinder Gottes Versprechen: „Es soll nicht aufhören Saat und Ernte, Frost und Hitze, Sommer, Winter ..." neu erfassen und anlässlich des Erntedankfestes in ein kleines darstellendes Spiel fassen.

Biblischer Bezug:
„Solange die Erde steht, soll nicht aufhören Saat und Ernte, Frost und Hitze, Sommer, Winter, Tag und Nacht." (1. Mose 8,22)

Altersempfehlung:
ab 6 Jahre

Situation:
Die Kinder haben die Sintflut-Erzählung Zug um Zug erzählt bekommen.

Materialien:
Keine außer dem nachstehenden Spielrefrain und den gesprochenen Zwischenversen:

Text und Melodie: © Wolfgang Longardt

Refrain:

Ich, die Son-nen - blu - me, sing ein klei-nes Lied, sing zum Ern-te-dank-fest, was im Jahr ge-schieht: Gott hat einst ver - spro - chen, dies hört nim-mer auf: Sä - en, Blü-hen, Ern - ten, un - ser Jah-res - lauf!

(gesprochen) 1. Als Korn in dunkler Erde,
so lag ich viele Wochen,
erst musst' es wärmer werden,
dann bin ich aufgebrochen.

Kehrvers wie oben (gesungen)

(gesprochen) 2. Ans Licht wollt ich mich strecken,
als Keim wuchs ich hinauf,
die Sonne tat mich wecken,
dann brach die Erde auf.

Kehrvers wie oben (gesungen)

(gesprochen)　　　3. Ich sah die Sonne scheinen,
　　　　　　　　　　　ich wollte größer werden,
　　　　　　　　　　　doch braucht ich nicht nur Sonne,
　　　　　　　　　　　nein, Regen auch auf Erden.

Kehrvers wie oben (gesungen)

(gesprochen)　　　4. Ein Kind am Gartenzaune
　　　　　　　　　　　besuchte täglich mich:
　　　　　　　　　　　„Du wächst so schnell, ich staune,
　　　　　　　　　　　bist schon so groß wie ich!"

Kehrvers wie oben (gesungen)

(gesprochen)　　　5. Als trockne Tage kamen,
　　　　　　　　　　　da goss es freundlich mich:
　　　　　　　　　　　„Der Sturm bringt dir Gefahren",
　　　　　　　　　　　sagt es, „ich stütze dich."

Kehrvers wie oben (gesungen)

(gesprochen)　　　6. Ein dicker Stab im Garten
　　　　　　　　　　　gab Halt mir, ich war froh.
　　　　　　　　　　　„Ihr Bienen sollt nicht warten,
　　　　　　　　　　　kommt, schmeckt, ich blühe so!"

Kehrvers wie oben (gesungen)

(gesprochen)　　　7. Doch kommt der Herbst ins Land nun,
　　　　　　　　　　　da werd ich alt und krumm,
　　　　　　　　　　　manch hungrig, kleiner Vogel
　　　　　　　　　　　fliegt her und um mich rum.

Kehrvers wie oben (gesungen)

(gesprochen)　　　8. Pickt Samen aus der Blüte,
　　　　　　　　　　　auch Öl presst man aus mir,
　　　　　　　　　　　ich bin zu manchem nutze,
　　　　　　　　　　　erfreue Mensch und Tier!

Kehrvers wie oben (gesungen)

(gesprochen)　　　9. Und neue Blumen werden
　　　　　　　　　　　aus meinen Kernen dann,
　　　　　　　　　　　weil Gott es will auf Erden,
　　　　　　　　　　　fängt neu ein Sommer an.

Kehrvers wie oben (gesungen)

(gesprochen)   10. Nützlich war ich für vieles,
ich sterb nun langsam still,
ich brachte vielen Freude,
mein Leben ist am Ziel.

Kehrvers wie oben (gesungen)

Möglicher Ablauf:
a) Mit der Klasse oder Gruppe hören wir die gereimte Lebensgeschichte der Sonnenblume und verteilen die nötigen Spielrollen.
b) Es ist reizvoll, ganz ohne Requisiten und nur zu den Sprechversen pantomimisch zu agieren. Damit die Sonnenblume rund um die Blüte (Kopfhöhe) auch sich ausbreitende Blütenblätter aufweist, hat es sich bewährt, die Sonnenblume von zwei gleichgroßen Kindern darstellen zu lassen; sie stehen dicht hintereinander, ihre Hände mit gespreizten Fingern aber rund um den Kopf des vorn stehenden Kindes.
c) Ob andere Kinder, die am Boden liegen, mit hochgestreckten Armen den Zaun andeuten? Es wird viele Phantasie-Ideen geben ...
d) Vielleicht gibt es immer zum Kehrvers oder etwa jedes zweite Mal einen Reigentanz um die Sonnenblume.

Nachbemerkung:
Natürlich kann auch sparsam mit Papierdekorationen gearbeitet werden, dann benötigt man nur ein Kind als Blume, das wie einen Kopfschmuck sonnengelbe „Blütenblätter" trägt.
Neben dem Vertiefen des Ausklanges der Noah-Geschichte könnte es zu guten Gesprächen über das „Alt-Werden" und „Sterben" der Blume kommen.

Teil C: Register

Anmerkungen

1 Klaus Dessecker in: Wolfgang Longardt, Spielbuch Religion, Benziger Verlag, Verlag Ernst Kaufmann, 1974, Seite 7 (Klaus Dessecker war damals Direktor des Religionspädagogischen Instituts der Evangelischen Landeskirche Baden).

2 Der Autor war von 1965 bis 1992 Dozent für Musik- und Religionspädagogik am Hamburger „Evangelischen Zentrum Rissen" (damals „Pädagogisch-Theologisches Institut", Abt. Gemeindepädagogik). Während dieser Zeit leitete er in Schulen und Gemeinden viele Seminarprojektgruppen, dabei entstand das Rissener Konzept „Gestalt-orientierte Religionspädagogik", das sich rasch ausbreitete und als sogenannte „Rissener Schule" bezeichnet wird. Autoren wie B. Straeck, I. Jüntschke, J. Westhof und weitere Mitarbeiterinnen der religionspädagogischen Zeitschrift „was+wie?" (Gütersloher Verlagshaus) publizieren inzwischen auf dieser Spur.

3 Siehe Albert Höfer, Gottes Wege mit den Menschen. Gestaltpädagogisches Bibelwerkbuch, Don Bosco Verlag, München 1993, Seiten 14ff sowie 40-44.

4 Siehe Wolfgang Longardt, Wachsen wie ein Baum. Ein Praxisbuch gestalt-orientierter Religionspädagogik, Patmos Verlag, Düsseldorf 1998, Seiten 16ff

5 Vgl. dazu Epheser 5,19, Richter 5,3 und Psalm 144,9.

6 Siehe Joyce Hannover, Gelebter Glaube. Feste des jüdischen Jahres, Gütersloher Taschenbuch Nr. 778, Seiten 63 und 94.

7 Ein besonderes Merkmal der sogenannten „Rissener Schule" und ihrer Seminare ist, dass nach allen Lernschritten immer gegen Ende rund um einen biblischen Text oder eine biblische Gestalt ein Fest gefeiert wird, was von G. Otto besonders kultiviert wurde. Siehe dazu: G. Otto, Gottes Reich entdecken, GTB-Kindergottesdienst 645.

8 Siehe Fulbert Steffensky in: Claus Eurich, Imme de Haen (Hrsg.), Hören und Sehen. Die Kirche des Wortes im Zeitalter der Bilder, GEP-Buch im Steinkopf-Verlag, Stuttgart 1991, Seite 160.

9 Siehe Wolfgang Longardt, Wachsen wie ein Baum. Ein Praxisbuch gestalt-orientierter Religionspädagogik, Patmos Verlag, Düsseldorf 1998, Seite 13: „Kernthesen der Gestalt-Theorie".

10 Siehe Siegfried Aust, Spielend Spielen lernen, in: „was+wie?", Heft 4, 1989, Seiten 254ff.

11 Siehe Siegfried Aust, a.a.O., Seite 254.

12 Vgl. dazu auch Kapitel A I. 6, Seite 19 (Spiel und Zeit)

13 Siehe Siegfried Aust, Spielend Spielen lernen, Teil II, in: „was+wie?", Heft 1, 1990, Seite 64.

14 Siehe Heinrich Dietz, Erziehung braucht Phantasie, Ehrenwirth Verlag, München 1965, Seite 113.

15 Siehe Martin Heidegger, Der Ursprung des Kunstwerkes, Stuttgart 1977, Seite 33.

16 Siehe Martin Luther, WA Tr. 1,574.

17 Vgl. Markus 7,34.

18 Siehe Fulbert Steffensky, a.a.O., Seite 162.

19 Siehe Augustinus, Confessiones, Liber XI, 20, 26.

20 Siehe Hans-Georg Gadamer, Die Aktualität des Schönen, Stuttgart 1977, Seite 60.

21 Siehe Hans-Georg Gadamer, a.a.O., Seite 54.

22 Vgl. Psalm 46,11.

23 Siehe Heinrich Dietz, a.a.O., Seiten 144ff.

24 Siehe Line Kossolapow, Die Bedeutung des Rollenspiels, in: Welt des Kindes, Kösel-Verlag, München, Heft 3/72, Seite 98.

25 Siehe Heinrich Roth, Pädagogische Psychologie des Lehrens und Lernens, H. Schroedel Verlag, Hannover, Seite 118ff.

26 Siehe dazu Jean Soubeyran, Die wortlose Sprache. Lehrbuch der Pantomime, Erhard Friedrich Verlag, Velbert 1973.

27 Siehe Vorlesebuch Religion. Band 1, Ernst Kaufmann-Verlag, Lahr 1971, Seite 253; der vom Autor jetzt verwandte Text ist gegenüber dem Original leicht ergänzt und abgewandelt.

28 Die Parabel ist dem Buch entnommen: Wenn ein Blatt sich bewegt, kann auch ein Ast erzittern. Gedanken chinesischer Weiser, W. Scheuermann Verlag, Wien 1957, Seite 79.

29 Das Spiel- und Tanzlied ist auf der ABAKUS-LP/MC erhältlich: Vieles ist nicht selbstverständlich. Best.-Nr. 95040-8905, Greifenstein-Allendorf.

30 Eine ganze Reihe von Spiel- und Entfaltungsvorschlägen zu Episoden der Josephsgeschichte hat der Autor in: Wolfgang Longardt, K.W. Vopel, Den eigenen Weg entdecken. Weg-Symbolik in Spielen und Geschichten, Patmos Verlag, Düsseldorf 1997, veröffentlicht.

31 Weitere, ausführliche Praxisentfaltungen mit Spurenspielen hat der Autor in seinem Buch veröffentlicht: Wachsen wie ein Baum. Ein Praxisbuch gestalt-orientierter Religionspädagogik, Patmos Verlag, Düsseldorf 1998.

32 Die hier als Gebet wiedergegebene Strophe ist dem biblischen Erzähllied „Blind-Sein und Nicht-Sehen-Können, das ist schlimm" entnom-

men, das auf der ABAKUS-LP/MC „Vieles ist nicht selbstverständlich" unter der Bestellnummer 95040-8905 erhältlich ist.

33 Die hier wiedergegebene Ballade findet sich vertont auf der ABAKUS-LP/MC „Was macht der Hahn dort auf dem Kirchturmdach" und ist unter der Bestellnummer 95049 (Greifenstein/Allendorf) erhältlich.

34 Zu diesem meditativen Lichterspiel eignet sich auch das Lied des Autors: „Tragt in die Welt nun ein Licht", das nach seinem Erscheinen im 1. Band „Spielbuch Religion" inzwischen in vielen Schul- und Kinderliederbüchern nachgedruckt wurde, so auch in: Unser Kinderliederbuch, Oncken Verlag Wuppertal, dort Nr. 92.

35 An diesem Internatsgymnasium mit stark musischer Prägung arbeitete der Autor von 1955 bis 1967 als Studienrat für Musik, Religion und Englisch.

36 Dieses biblische Erzähllied ist auf der ABAKUS-LP/MC „Was macht der Hahn ..." erhältlich (siehe oben: Anmerkung 33).

37 Die Glockensymbolik hat der Autor in seinem Buch „Wachsen wie ein Baum", a.a.O., S. 58ff entfaltet.

Stichwortregister

Register der verwendeten Spielformen

Register der Lieder

Wolfgang Longardt / Klaus W. Vopel

Den eigenen Weg entdecken

Weg-Symbolik in Geschichten und Spielen

Materialien für Schule und Gemeinde

PATMOS

192 Seiten. Broschur. Best.-Nr. 3-491-77018-1

Wolfgang Longardt

Wachsen wie ein Baum

Ein Praxisbuch gestaltorientierter Religionspädagogik

Materialien für Schule und Gemeinde

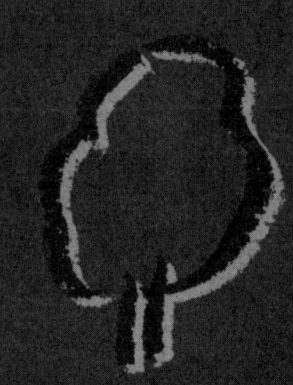

PATMOS

184 Seiten. Broschur. Best.-Nr. 3-491-70307-7